ケインズ

Susumu Nisibe 西部 邁

明月堂書店

●西部邁著『ケインズ』は「20世紀思想家文庫7」として、一九八三年に岩波書店から刊行されたが、その後、二〇〇五年に旧イプシロン出版企画（現明月堂書店）より、新たに中野剛志、佐伯啓思両氏の解説を付して複刻された。
●本著は二〇〇五年、旧イプシロン企画版の改装重版である。装丁以外一切手が加えられていない。

編集部

目次

前書き

「論語読みの論語知らず」がケインジアン学者にはたくさんいる。つまり、「単なる」経済学者には、ケインズの所説において半ば暗黙の形で前提されている、当時の時代の気分や時代の在り方が読みとれないのである。

他方、「論語読まずの論語批判」とて少なくない。経済学の初歩的な教科書において歪められつつ定型化されてしまっているケインズ・モデルとやらを知っているだけだというのに、その藁人形にすぎないものをケインズ本人と見立てて、攻撃の対象とみなす経済評論家や経済ジャーナリストたちが今でも跡を絶たない。

そんなケインズについての誤解や中傷が、一九七〇年代の半ばからの十年間ばかり、欧米において立て続いた。なぜなら、ケインズによってなされた「自由主義の終焉」という状況判断と「財政政策の優位」という政策判断がともども、欧米社会で頓挫しつつあったからである。一言でいえば、ケインズは「大きな政府」という重荷を現代先進社会に背負わせた元凶として指弾され出したわけだ。

経済的実績ではすでに欧米を追い越しつつあったにもかかわらず、精神面では何事にせよ欧米の流行についていくのを習わしにしてきたのが日本の知識人である。とりわけ自分らの知識が欧米的であることに誇りを見出してきた日本の（近代経済学にかかわる）エコノミスト連は、欧米より五年ほど遅れて、いっせいにケインズ批判へと身を乗り出していった。

本書はそんな状況を目の当たりにしながら、自分の長所なのか短所なのか、それから二十余年経っても判然としないのだが、ともかく一気呵成に準備され、そして執筆された。私が表してみたかったのは、「ケインズとその時代」というべきものについての、外面のみならず内面にもわたる、全体像であった。そうすることによってケインズへの誤解や中傷に反駁したかったのである。今回の復刊に当たって読み返してみて、追加したり修正したりする必要をまったく感じなかった。さすれば、我田引水を承知の上でいうと、本人としては上出来の部類の作品であったということなのであろう。

ところが当の本人たるや、経済学への関心をすでに失っていたのである。というより、少なくとも人間・社会の学問にかんするかぎり、「科学」が成りたたないばかりか、経済学を見本とするような「専門知」は人間・社会にたいし「群盲象を撫でる」ような総合化される当てのない断片的分析をほどこすものにすぎない、と確信しつつあった。

そうした私の確信は、たとえば「経済現象」や「経済的事実」なるものすらが実は存在しえないのだ、という判断にまで至っていた。つまり現象や（それを何らかの観念によって枠付けしたものとしての）事実の経済的な「側面」や「次元」というものはありえても、現象という主観や事実という客観は、つねに、経済的なもののほかに、政治的、社会的、文化的といった様々な側面や次元と重合されているのだ、と私には思われた。その重合のされ方を解き明かす手立てを持たぬままに経済的な側面・次元にとりついてみたとて、もたらされるのは偏狭な説明であり歪曲された解釈であるにすぎぬ、と私は信じるほどに強く考えはじめていた。

そんなふうに経済学が自分にとって遠景にまで退いていたのに、どうしてケインズの著作群に取り組むことができたか。理由は、ともに簡単なものだが、二つある。一つは、その数年前、私はイギリス・ケムブリッジのあたりに一年近く暮らしてみて、ケムブリッジアンたちの生き方が何となく感じ取れるような気持ちになっていたということである。とくにそのあたりは、南イングランドほどではないにしても、社会環境が変化するのを警戒する気風が強い土地柄で、そのせいか、私より五十五年前に生まれたケインズの人生や学問にたいする、また社交や政治にたいする構え方が察知できるような気がした。もっと素直にいうと、ケインズにかぎらず歴史上の人物が今もそこかしこで何事かを喋っている、そんな気がするのがケムブリッジ周辺の田園を縦横に縫っているフットパス（散歩のための公道）に漂う雰囲気なのである。

もう一つは、ケインズの著作群が、その主著である『一般理論』をすら含めて、世間に対する「説得」という実践的な課題に応えるための、「思想」の筆遣いによって成り立っているという点である。彼が多少とも真剣に思索したのは経済学的な分野においてではあった。しかしその思索の出発点をなす「前提」、思索の幅を決める「枠組」そして思索の展開を示す「方向」はおおむね自身の直観と体験から汲みとられていたとはいえ、ケインズの人生観、社会観、文明観、歴史観によって提供されていたのである。その意味で、ケインズは「時代」の子であり、その時代性をいささかつぶさに眺めてみれば、彼が「単なる」経済学者をはるかに超えた、偉大とよぶ気はまったく起こらぬものの、複雑で興味を大いにそそられる人物だということがわかってくる。

このケインズ解釈に前後して、私は(ケインズより七歳年長の、アメリカの社会経済学者)ヴェブレン解釈もやっている。その後、時折に、それに類した人物論を発表してきてもいる。そんなことをやるのは、だれもそのことに気づいてくれないから自分でいうまでのことだが、「現代社会についての文化人類学者」になろうという構えを私が持っているからである。

つまり、通常の文化人類学者が未開社会に降り立って、酋長をはじめとして村人たちの話を聞き、その村に伝承されている神話や説話を書き留めるのとあたかも同じように、私は現代社会に舞い降りた気分で、あれこれの書物を読み、そこに現代人の（科学を名乗る）神話や（政策を自称する）説話に耳傾けたいのである。

その現代の語り部たちの種類はもちろん多岐にわたっている。それらの全部にインタヴュウする余裕も能力も私にはないものの、ある程度まで広く取材すれば、そしてそれらを何ほどか統一的に関連づけてやれば、現代人の世界像から自画像までの輪郭がおおよそみえてくるのではないか。そんなつもりで、この四半世紀ばかり、私は（自分に可能な）ありとあらゆる場所に顔を出して取材を行ってきた。

厄介なのは、これもあらゆる文化人類学者が遭遇する困難なのであろうが、取材者たる私自身がその場所の影響を受け、その場所に影響を与えてしまうという事情である。このケインズ論のように取材対象が死者である場合には、そうした相互影響を免れる事が出来ると思われるかもしれない。しかし、そうはいかないのである。

まず彼の文章が、それを読み進んでいる私の意識そのものを多少なりとも左右している可能性がある。そして、どんな文章もつねに多義的である。ましてやケインズのように「明晰による説明の単純化」よりも「曖昧による解釈の豊饒化」を好む人物の文章については、私の考え方によって彼の文章を単純化している可能性が少なくない。

このように読む者と読まれる者の相互影響のことを省察しつづけていくと、ついには妙とも変ともいえる気分に近づいていく。つまり、ケインズに自分をプロジェクト（投射）し、自分にケインズをイントロジェクト（摂取）しているうち、希代の人物に吾をなぞらえて恐縮だが、自分と彼との区別がさしてないように思われてくるのである。「理解」とはそういうことなのであろうから、高みにある彼を吾の低みにまで下ろして申し訳ない、と殊勝に反省する気はさらに起こらない。とはいうものの、ケインズ論を書きながら実は自分論を語っているのではないか、という批評が（書いているうちにすでに）自分の耳に聞こえてきそうな気がしたことはここに認めておきたいと思う。

いや、そんなふうに決め込まれたのではケインズ論を書いた甲斐がない気がするので、随所に適宜に、ケインズの文章を引用しておくことにした。つまり、私の得手勝手な解釈を書き連ねたのではなく、ケインズ自身がそう書いているのだ、という証拠を示そうとしたわけである。

だがそうしてみても、人間というものは、時代も環境も異なり、才能も嗜好も違っているというのに、何とまあ、似たようなことを考えたり書いたりするものだろう、と変妙な気分になってしまう。

それだけにかえって、厳然として残る自他のあいだの差異がことのほか大きなものに感じられるのを抑えることができない。たとえば、少年ケインズが「奴隷役」の少年を従えていたとか、青年ケインズが「同性愛」を実行していた（のはほぼ間違いない）とかいうような件りを読むと、生理的な嫌悪をすら覚えてしまう。

この復刊本の前書きではじめて明かすのだが、本書の執筆で私は、ケインズへの抑えることの困難な嫌悪感を書き認《したた》めておこうかという欲求を、ほぼ完全に抑え込んだのであった。エリート意識や変態性欲を、もし、眼前で剥き出しにされたら、私も、小説家ローレンスがそう他人に喋ったように、いや、短慮な私のことだから彼の眼前で、嫌悪感を吐露してやったであろう。しかし、たかだか書物を通じてそのことを知る場合、他人の「私心」における傾きには寛大でなければなるまい。なぜなら、その人の性癖はその人の制御困難な、たとえば宛てがわれた遺伝や環境からくるほぼ必然的の結果かもしれないからである。また、私の性癖にしたって、いつどこで他人に嫌悪感を催させているかわからない。そう見当をつければ、論ずべきはその人の示した「公心」についてだ、という自制心がはたらく。

ケインズが学問的な方面で教養に欠けていたということについては、私自身がそうであることに何の痛痒も感じない性格のゆえか、いささかも批判する気になれなかった。学問的教養とやらにあふれた学者が、(ヴェブレンのいった)「トレインド・インキャパシティ」つまり「訓練された無能力」を示しているのを私は山ほどみてきた。それにデカルトのいった「世界という書物」や多くの小説家たちのいった「人生という書物」というものもあるのであってみれば、ブッキッシュな教養なんかにこだわっている場合ではない。

むしろ、イギリスに特有の教養に対する「イエス」と「ノー」の同時存在がケインズにあって顕著なことに私は興味を覚えた。つまり、必要な教養は、速やかな読書や楽しい社交などでさっさと身につけ、あとは「読書でもしている暇があったらシャンパンでも飲んでいる」と構える態度である。何といっても、言葉が「具体的」にいかなる真価を宿しているかは、具体的なるものとしての「状況」のなかでどんな言葉遣いをなすかにかかっている。ケインズは、状況における表現の決断において大過なかった人である。それだけでも、教養の真の意味をとらえて離さなかった、と評してよいのではないかと思う。

というようなことに、あれこれ思いを馳せながら本書は、自慢でも謙遜でもなくいうのだが、スピーディーに書かれた。私の保守思想は、「危機における平衡」を持すための「知恵ある決断」という要素も含んでいる。ほかの言い方をすると、福沢諭吉も似たようなことをいっているはずだが、「大事については、普段から考えておき、あわてて思案しなくてよいようにしておく」のが肝心だということである。そう構えると、私にとっての大事なものとしての執筆はスピーディに進められなければならない、執筆がスローなのはそれまでの思案が足りないせいだ、ということになる。要するに、ケインズが何者であるかについては、私なりに、おそらく二十年近くは、あれこれ考えを巡らしていたということである。

そんなふうに書かれた本書は、ほんのときたま読書好きの人からひそかに好評を頂戴することもあったものの、経済学界では予想通りに完全に無視された。そういうことに慣れっこになっているので何の不満も私にはなかった。本書の存在を知っている人は誰もいない、執筆者すらがいずれその存在を忘却する、ということになるものとばかり思っていた。

ところが、イプシロン出版企画というその存在をほとんど誰も知らぬ出版社に河村信氏という奇特な方がおられて、このたび、(私が編集していた雑誌『発言者』の後身となる)『表現者』の出版元をその会社が引き受けるのに合わせて、本書を復刊したいと仰られる。おまけに私の敬愛する佐伯啓思氏と中野剛志氏が「解説」を書いてくださるともいう。本書が二十余年ぶりに陽の目をみるのを喜びつつ、方々のご協力に心から感謝する次第である。

平成十七年六月七日

著者

第一章　個人史

肖像

幼年期のものから老年期のものに至るまで、ケインズの写真がたくさん残されている。それらを一列に配して眺めてみたとき、たしかに、一条の「暗い光」が彼の生涯をつらぬいていたということがわかる。矛盾をひきうけ撞着をいきぬこうとする激しい意志が感じられる。たとえば一八歳のころ、彼は次のようであった。

少年としての彼はほっそりとして、敏活で、青白く、黒ずんだ髪をしていた。彼は運動競技の特別の天分をもってはいなかった。しかし彼は運動においても談話においてもともに鋭利な黒ずんだ金属の刃――しかもその上を光と影とが目まぐるしくゆらめく刃を思わせた。暗い光、私はかつて彼をそう評したことがある。彼の態度は磨きのかかった、比較的古風な、きわめて生き生きとしたものであった――少年とは思われないほど洗練されたものであった。小さな頭は美しく型どられていた。顔立ちは、唇が突き出ていて格好のいい鼻を押し上げているように見え、太い眉毛がちょっと猿のようであって、一見したところたしかに醜かった。しかし、ひとたび瞳が、不思議に生き生きと、ほとんど超人的な深さをたたえて、長い睫を通してきらりと輝くと、ほかのことはすべて物の数ではなかった。それに続いてまもなく楽し気な微笑が現われると、顔全体が明るく輝き、そしてその共感の気持と表情の異常な魅力が人をとらえた。〔9〕

これは、ケインズの高校時代の教師ジョフリー・ヤングによる描写である。古風なものと斬新なもの あるいは醜いものと美しいものの微妙な混在、少年ケインズの態度にあらわれたこの両義性は、そのまま、彼の人生全体の特徴であった。つねに時代の中心に姿を現したにもかかわらず、彼はマージナル・マンつまり境界人であった。理論と実践、学問と芸術、世俗と超俗、道徳と背徳、その他あれこれの境界線上を彼は足早に駆けぬけていった。むろん、人は誰しも、そんなふうな生き方をするものではある。しかし、生の両義性をケインズほどみごとに体現した人も少ない。市井の人々が平凡な生活の裏にひそかに隠している心理の葛藤劇を、ケインズは歴史の大舞台の上で演じた。歴史のドラマの渦中に身をあずけて、彼は及ぶかぎり多様な事柄にじつに多彩な仕方でかかわった。それは、悪くいえばカメレオンの所業であり、良くいえばカレイドスコープの現象であった。

19歳 (1902)

彼の生きた時代そのものが限界状況の中で転変していたのである。今にして思えば、時代がケインズを選び出して、それにふさわしい役柄をあてがったというべきであろう。ヨーロッパの安寧は終わりをつげようとしていた。もし物質的な安楽に至上の価値をおくのをブルジョア的とよぶなら、ブルジョア精神が一部の国々そして一部の階級の独占物であることをやめて、より広くヨーロッパ大衆のものとなるためには、ふたつの大戦が必要であった。両大戦の混乱をつうじて、大衆が、自らを血塗られた犠牲としつつ、歴史の前面に登場してきた。また、その過程で様々の反ブルジョア的な精神が喚び起こされもしたのだが、それらは大衆の好みに合うように取捨され変質させられていったのである。

彼の生涯を通じての仕事は、いずれは、急速に消え去る文化のすばらしい夕映えと見なければならないのであろうか。それともそれは、おそらく、イギリス文化のひとつの段階と次の段階とを結びつける——混乱と不安定の中間期を貫き通って前後に伸びる——きずなとなるものであろうか。

と尋ねて、たぶん後者だとハロッドはいう。しかし新たな段階なるものの性質は、ハロッドにあって、いっこうに明らかにされていない。ケインズの直面した限界状況とは、私思うに、高度大衆社会の産みの苦しみのことだったのである。ここで大衆というのは、現代の脈絡でいうと、物質的幸福と社会的平等とをいささかも懐疑することなく追求する人々のことをさす。そして大衆社会が、高度〟の段階に達するというのは、そのような懐疑を失った人々の代表者が社会のあらゆる部署で権力を掌握するようになる、ということである。幸福と平等への要求はほぼ必然の社会的力学となって繰り拡げられてきた。ケインズはその力学にすすんで適応しようとしたようにみえる。彼は大衆の進撃をひきいる総帥の一人であった。このことに疑いはない。

しかし同時に、この大衆の力学は一種のジャガノートであると彼は感づいていた。つまりそれは、巨大な山車にのせられて信者を轢き殺してゆく印度のジャガンナート神のように、大衆にたいし残酷な犠牲をしいるものである。戦争による物理的な死であるか、それとも道徳的荒廃という精神的な死であるか、犠牲にもいろいろあるであろうが、いずれにせよケインズは、

6歳

ケインズ、3歳

47歳頃（1930）

12歳

来るべき高度大衆社会のありうべき野蛮を予感していた。彼の発言が大方の社会主義者や民主主義者のとは異なった屈折を示すのは、そこにおいてである。大衆性にたいする拭い難い反撥がケインズにはあった。たとえば、革命後のロシアを訪れて「ソヴィエト・ロシアに何か善きことを求めている人々に共感を抱き」ながらも、彼は次のように記している。

他の新興宗教と同じように、レーニン主義も、日常生活からその色どりと娯楽と自由を奪い去り、そのかわりにその帰依者たちに全然無表情な顔をした単調な代替物を与えているように思われる。……

宗教の恐怖に襲われたことのない自由な空気のなかで教育を受け、恐れるべき何ものもない私にとっては、赤色ロシアは嫌悪すべき点が多すぎる。……

コミュニズムもまた他の有名な諸宗教の例に倣うものにすぎない。それは、平凡な人間を褒めそやし、なくてはならない存在にしてしまう。〔6〕

ケインズは、社会主義的のであれ民主主義的のであれ、大衆の真面目な要求を恐れていた。この真面目さは、ちょうど革命のなかのロシア人たちがそうであったように、「粗野で愚鈍で退屈きわまりないもの」のように思われたからである。それを彼の選良主義だといって非難するのは的外れである。またそれを、ヴィクトリア期およびエドワード期に最盛をみたケムブリッジ文化の残滓として揶揄するのも正鵠を射ていない。むしろ、一人のケムブリッジ出自の選良が未曾有の動乱期において持ち永らえた、懐疑の心性の強さにこそ注目すべきであろう。大衆に近づきながら大衆を突き放す、この愛憎感情の並存のなかで大衆にたいする懐疑が鍛えられる。ホイジンガ流にいえば、それは真剣で危険な〝遊び〟であった。幸福と平等の意義を強く疑念している人間が幸福と平等のために心身を酷使して奔走した。この一種奇態な活力がケインズの人生を彩っている。

懐疑を糧にして活動をし、活動を契機にしてさらに懐疑するという果てしない循環のなかにケインズは生きていた。したがって、その循環のうちのどの一齣をみるかによって、彼の姿形が違ってくる。加えて、平時における普通の人間は自分の循環に収束を見出すよう努めるものであるのに、その資質とその時代は並のものではなく、そのため彼はひたすらに回転した。ケインズの人生は世間的にいえば成功の連続である。それにもかかわらずそこに幾ばくか悲劇のにおいが立ちこめてくるのは、彼の懐疑と活動に安息が与えられることがきわめて少なかったためではないだろうか。

ケインズの肖像はいわば引裂かれている。それは、高度大衆社会を招きよせるのに自ら貢献しておきながら真底ではそれに馴染むことのできなかった人間の、深層心理における亀裂である。わざわざ深層というのは、彼が自己の亀裂を充分に認識していたとは思われないからである。ケインズの亀裂を解釈する仕事はまだ手つかずである。そんな亀裂はないと言い張る親ケインズ派の言説は虚偽であり、その亀裂ゆえにケインズのすべてを無効とみなす反ケインズ派の言動は短絡である。いまケインズを解釈してみることの面白さは、それが現下の大衆社会にかんする解釈、ひいてはそこで生活している自分自身にかんする解釈につながるという点にある。つまりわれわれの現在もまた深層において引裂かれているにちがいないのである。

家庭

ヴィクトリアの中期にゴシック復興の風潮がひろがった。詩人、画家、工芸家あるいは思想家という多方面の活動で名高いウィリアム・モリスもその流れに属している。そのモリスの影響を色濃くとどめたヴィクトリアン・ゴシック風の邸宅で、一八八三年六月五日、ジョン・メイナード・ケインズ（John Maynard Keynes）は生まれた。ケムブリッジのハーヴェイ・ロード六番地においてである。主としてR・F・ハロッドおよびE・A・G・ロビンソンのケインズ伝に依拠しながら、彼の生い立ちを尋ねてみよう。父方の祖父ジョンは、ソールズベリーの市長をしたこともある裕福な実業家であった。父ジョン・ネヴィルは、『形式論理学』（一八八四年）および『政治経済学の範囲と方法』（一八九〇年）によって名を知られている、ケムブリッジ大学の先生であった。ネヴィルは管理者としての高い能力もそなわっていたらしく、たとえば、ケムブリッジ派経済学の始祖であるアルフレッド・マーシャルに親友として協力して、一八九〇年にイギリス経済学会を創設し、さらに一九〇三年、経済学に独自の〝優等卒業試験《トライポス》〟制度を設定したりした。それまで経済学は道徳科学《モラル・サイエンス》に属していたのである。母方の祖父ジョン・ブラウンは清教徒運動について多く・ﾌ書物を残した歴史家であるとともに、組合教会派の長をしたこともある有名な説教僧であった。母フローレンス・エイダはケムブリッジで最初の女子カレッジであるニューナムの初期の学生であり、その後、社会奉仕に精を出し、さらにケムブリッジの治安判事や市会議員や市長などの公務を勤めた。因みにメイナードには二人の妹弟があり、妹マーガレットはノーベル賞を受賞した生理学者Ａ・Ｖ・ヒルと結婚し、そして弟ジョフリーは著名な外科医兼伝記作家となった。

　このようにみてくると、ケインズがいわゆるケムブリッジ・マンの典型であるとすぐわかる。哲学者ヘンリー・シジウィックはケインズ家と懇意であり、ケインズは子供のいないマーシャル夫妻の寵児であり、そして論理学者Ｗ・Ｅ・ジョンソンもケインズ家に足繁く出入りしていた。というように、彼はケムブリッジ知識人たちの交流の雰囲気を空気のように吸って育ったのである。両親はケインズを選んだだけではなく、早期から彼に特別の資質があると思いこんでいた。彼が七歳のころ、父親は息子が「完全におもしろい仲間である」と日記に記している。自己の卓越を当然のように信じる傾きはケムブリッジでは珍しいことではなかったのであろう。そのせいか、ケインズは高校時代と大学時代の二度にわたって自分の家系図を調べている。それによると、系図は一〇六六年つまりノルマン朝成立のときに発している。ウィリアム・ド・ケインズがその開祖であり、ケインズの正しい綴りは Cahaignes だということである。さぞかしケインズの名門意識が満足されたことであろう。

しかし、セント・フェイス予備学校におけるケインズは学業においてそれほど芳しいわけでもなく、体質もどちらかといえば虚弱な方であったようである。それにもかかわらず目立つのは、子供の世界においてケインズの発揮した一種の政治力である。弟ジョフリーは記している。

兄が聖フェイス校で学童たちにほとんど畏怖念をもってみられていたことは間違いない。兄にはお付きの奴隷がいて、兄に援けられたり保護してもらうお返しに、兄の本をかかえて後ろについて歩いていた。また兄は別の少年と、・通商協定・あを結び、この血判状によると、この少年は いかなる時といえども兄から一五ヤード以内の近距離に近付いてはならないことになっていた。〔12〕〔ハロッドによれば、その交換条件は、巡回文庫の本を回すときには毎週規則的に郵便箱の上にのせておくということであった〕

ケインズの両親

こんなささやかな逸話にもうかがわれるケインズの傲慢ぶりは、彼の魅力にたいするたくさんの讃辞によっても打消されることなく、一部の人の眼に焼きついたもののようである。たとえば高校のある教師の報告によれば、

学校ではむしろ腹のたつ生徒である。授業に傾聴すべきときにノートを読んでいる。きびしく押えつけないと隣の者とすぐ話をする。彼はおそらくちょっとばかり頭のよさを鼻にかけて自分は特権をもった生徒であると考えているような感じを人に与える。〔9〕

また当時のケインズについてハロッドは次のように一般的な評価を与えている。

メイナードのぞんざいさには身を凍らせるような恐ろしいなにものかがあった。それは懲罰を受けるにふさわしい犠牲者を選び出して用いられた。そしてそれは実際に懲罰を与えた。その懲罰は必ずしもつねに容赦しないつもりのものではなかったが、実際には容赦されないことがしばしばであった。

これはケインズの終生にわたる性癖なのであって、少年にありがちの軽薄にとどまるものではない。大学以降ずっとごく親しい関係にあったL・ウルフは、自分の回想録のなかでしるしている。

彼のことを親密に知っており、そして公式の制服を着たのではなく上着を脱いだ彼の心を知っている人ならば、たいてい、彼のうちに知的な態とらしさと傲慢の気味がいくぶんあり、それがしばしば、驚くほど誤ったそして頑迷な判断に彼を導いたのだ、ということに同意するであろう。〔18〕

そしてF・A・フォン・ハイエクも「彼には、年下の人間が異議を唱えると、それを威圧的な態度で抑えつけようとする尊大なところがあった」〔1〕と証言している。社会科学という曖昧な学問にあっては論者の気質や気分が無視しえぬ作用をはたらかすものであるから、ケインズの高慢にかんする様々の証拠には留意しておくべきであろう。しかし多くの場合、それらはケインズというケムブリッジ・マンの選良主義的な態度を説明するための材料にされている。私はむしろ逆の設問に関心がある。つまり、こんなにも傲慢な人間が、言論を唯一の武器として、なぜかくも広汎な影響力を発揮することができたのか、ということである。その原因は、おそらく、彼の関心が呆気にとられるほど多岐にわたっており、そしてそれらすべての方面においてほぼ一流 の域に近づいていたという点に求められるであろう。

ケインズは家系図を自分一個のうちに集約して生きたのだということができる。父方の祖父と同じく、彼は実業家であった。投機家あるいは金融業者としての彼の腕前は、五〇万ポンドの遺産を残すほどに、優れていた。父と同じく、彼は経済学および論理学の学者として名を成すだけではなく、大学組織の管理者として若年より頭角を表わしていた。母方の祖父に似て、彼の説得活動には伝道者のごとき情熱がこめられていた。またその祖父の歴史家としての資質は、ケインズが伝記的な作品を書いたり古書を蒐集したりする際の、いささか異様な集中力となって伝えられているように思われる。そしていうまでもなく、母の行なった地方コミュニティにおける公務や社会奉仕にたいする関わりを、ケインズは国家の次元において実行したのである。

こうした多面的な活動は単なる傲慢な精神のよくなしうるところではない。それら諸活動のあいだを往復するには機敏な想念の転換がなければならず、そのためには素直さや謙虚さが必要であろう。大学時代からの旧友C・R・フェイは「ケインズには、アダム・スミス同様、〝誰とでも何とでも〟歩調を合わせてくれる、不思議な力が備わっていた」〔12〕とのべている。またL・ロビンズはケインズのある書簡集を評して次のようにいう。

公けの論争のときには、ケインズはしばしば、言葉は少々荒々しくあるべきであり、満悦した知性への襲撃であるべきだという彼の確信に従っていた。……だが、書簡をみているると、彼の多面的な性格の別の面が明らかになる。議論に際しての忍耐強さ、説明の不完全さを進んで許容する態度、……永遠の問題に直面したときにみせる純正な謙虚さがそれである。〔12〕

要するにケインズにはヤヌス様の二面性がある。静かな学園都市に育った世間知らずのエリートとしてケインズを片づけるわけにはゆかぬのである。イギリス帝国のエリート養成機構はもっと面妖でもっと強靭なジェントルマンたちをつくり出していたのではないだろうか。ケムブリッジという町もケインズという人物もそのような社会的文脈のなかに位置している。

学校

通常より少しおくれて、一四歳になったときケインズは二〇人中〇番の成績でイートンに向った。イートンというのはイギリスの七大パブリック・スクールのひとつで、ロンドンに近い古都イートンにある。いうまでもなく上流階級の子弟の入る学校である。ケインズのイートン生活は文字通りに順風満帆であった。体格も学業も急成長し、いわば生徒のなかのドンとして振舞ったものらしい。古典と数学という対照的な主要課目でそれぞれ首席あるいはそれに近い成績をとりつづけたのは、いかにも彼のバランス感覚を示しているようにみえる。ボートやウォール・ゲームというフット・ボールの一種に心ゆくまで熱中したという。

まったく、ケインズの特徴とされている楽観主義の素地はイートンでの五年間に培われたのではないかと想像したくなる。おそらくその古き良き思い出に駆られて、はるか後年になってからイートンの管理委員に選ばれたとき、第二次大戦中であるにもかかわらず彼は欣喜雀躍のていであったのだろう。ハロッドによると、彼は「爆撃中に学校の礼拝堂でお祈りをするときのこまかい規則」などについて校長らと議論するのを楽しんでいたのである。

ヨーロッパの世紀末の不安もイートンには届かなかった。たとえばケインズと同年生れのスペインの哲学者オルテガの場合、米西戦争（一八九八年）におけるスペインの敗北を契機にして、自民族の苦悩とヨーロッパ全体の不安を少年のころから感じとらざるをえなかった。イギリスはボーア戦争（一八九九―一九〇二年）で苦戦したとはいうものの、まだまだ余裕があった。父親への手紙によると少年ケインズも次のような調子であった。

私が主戦論《ジンゴイズム》の謳歌者でないことは以前と同じです。しかしもう戦争がはじまってしまったんですから、われわれは否応なしに戦争に同調しなければなりません。……やめようと思えばいつでもやめることができますが、予備教練はおそろしくいやなものです。早朝の授業をおえてすぐさま出かけなければならず、あたり前の朝食もとれません。おお、なんと寒いこと！　朝食なしで教練に出かけるよりも、国のために死ぬほうが楽だというのがわれわれの一致した意見です。……〔9〕

しかしこんな暢気な少年にも、先に言及した傲慢ぶりのほかに、いくつかの性格上の特異な徴候もしくは症候があらわれはじめていた。そのひとつは、唐突なようだが、一四歳のときからはじまったシャンペンの愛飲である。ハロッドによると、「彼の生涯の最後の二、三年、彼

15歳、イートン校時代

が祝宴の席上いつもいいならわしていたことは、自分のこれまでの身の処し方について非常に残念に思っている唯一のことは、もっとシャンペンを飲めばよかったということだということであった」そうである。この冗談のなかに、人生を饗宴もしくは祝祭として全うしたいというケインズの願望が示されているのではないか。彼にとって生とは死活の真剣味をおびた遊戯であったと思われるのだが、そういう遊びには概して酒様の刺激剤が欠かせないものなのである。

それと類似のことが古書集めにたいする彼の執心についてもいえそうである。それは何と一二歳のころからはじまって、イートンを出るころには三二九冊の稀覯本がたまっていた。そしてついに死の間際には、ハイエクが次のように報告しているような有様にまでなっていた。

戦争が終わって、ケインズはその最大の帰結を定めるための政府使節としてワシントンに赴き、帰国したばかりだった。その任務が彼の全精力を奪い去ったといわれている。しかし、彼はその夕方のひととき、われわれのグループをもてなしたが、そのときの話題は米国におけるエリザベス朝時代の書籍のコレクションのことでもちきりとなり、まるでこの研究こそ訪米の唯一の目的ででもあるかのようであった。〔10〕

なおこれが性格上の徴候かどうかはっきりしないが、彼は人間の手というものに強い関心をもっていた。これもイートン時代から頭をもたげた癖のようである。父親への手紙にしるしている。

私は旅行の終りごろダーウィン教授〔チャールズ・ダーウィンの子供〕としばらく話をしました。たしかに彼の手は彼が猿の後裔であることを思わせるような格好でした。〔9〕

この関心は次第に嵩じていく。彼は、ウィルソン大統領の「力量感がありかなり頑丈ではあるけれども、感受性と手際よさに欠けている」手のことが気になり、またルーズヴェルト大統領の手が「器用さもなければ手際よさもなく、短い円い爪は実業家の指の爪のようであった」ことに失望する。おまけに、自分たち夫婦の手の塑型をつくらせたり、友人の手の塑型を集めたいと思ったりする。こんな事実を聞かされると私は少々の不自然を感じざるをえない。というのも、ハロッドによるとケインズの「手は滑らかで、指は長くかつ繊細であった」そうだし、それに、小説家D・H・ローレンスの見抜いたごとく、ケインズにはどうやら同性愛への傾きがあったようだからである。

ともかく、一筋縄ではゆかぬ人間だという痕跡を随処に残しながら、彼はイートンを終え、ケムブリッジ大学のキングズ・カレッジに入った。一九〇二年、彼が一九歳のときである。彼の大学生活で第一に目につくのは、その政治性である。しかしここでいう政治性は、権力志向とか権謀術数とかのことではなく、政治の本質にほかならぬ論弁的表現力にかかわっている。ウォルポール討論会、十人会およびユニオンなどといった学生団体において、彼はおおいに優れた演説家であった。政党に入るのは個性を失うにちがいないという理由から拒絶してはいたが、彼は自由党クラブの会員であった。大学を出てからもその路線を維持し、自由党の批判的同調者として行動しつづけた。したがって、先輩ジョージ・トレヴェリアンの次のような誘いは、ケインズによく適合していたのではないかと思われる。

君はケムブリッジのきわめて非冒険的な雰囲気のなかに暮している。しかし君自身はもう少し冒険的であってはいけないだろうか。なぜ特別研究生から弁護士になり、弁護士から何年か後に政界にはいってはならないだろうか。〔9〕

しかし政治は学生ケインズの一面にすぎない。論弁のためには思考がなければならず、思考のためには懐疑がなければならない。だが政治の現実は、しばしば、偏見と軽信によって動くものである。ウルフの発した次の問いはまさにケインズの問題でもあったのである。

われわれはわれわれ自身の人生において二人のジョージを結合することができるのだろうか、また結合すべきなのだろうか。〔18〕

政治の人であった歴史家ジョージ・トレヴエリアンに対比されるもう一人のジョージとは、いうまでもなく、理性と審美の人として若者たちの尊敬を集めつつあった若き哲学者ジョージ・ムーアのことである。ムーアはケムブリッジにおける準秘密結社・ソサエティ・の中心人物であった。一八二〇年代よりはじまったソサエティは、超俗的な生き方のうちに真理を究めんとするいわゆる〝使徒たち《アポスルズ》〟の集まりであり、古くは詩人テニソン、近くは哲学者ホワイトヘッドなどといった著名人を会員にもっていた。ケインズはウルフとリットン・ストレイチーの訪問をうけてムーアに会うように、つまり使徒の一人になるように、勧誘されたのである。

ムーアの哲学を一言で要約するのは無謀であるが、あえてそうすれば、〝ヘーゲル的な観念

G·E·ムーア（26歳 1899年）

論を脱け出すべく、日常言語の解釈をつうじて、主として倫理的判断における常識というものの役割を擁護した〟ということになろうか。とりわけ、〝善それじたい〟の意味は定義不可能であるということ、〝なにが善であるか〟の判定は特定状況における直覚によるほかないのであるが、そのようにして個々人が導出する〝善なるもの〟は、一般に、快楽のほかに知識や美などをも含む有機的統一体であること、そして行為の義務性つまり道徳は〝善なるもの〟を実現するための手段にすぎぬこと、などが主張されている。このような主張はヴィクトリア期の道徳的あるいは宗教的なリゴリズムにたいする青年たちの反逆に哲学的な根拠を与えることができた。特に〝美的対象の享楽〟と、〝人間的交渉の楽しみ〟に至上の価値をおこうとする、いわば新プラトン主義的とでもいうべきムーアの理想が大きな訴求力をもったのである。次項でのべるブルームズベリー・クラブこそはこのような理想によって嚮導《きょうどう》された思想運動であり、ケインズもその主要な構成員であった。

しかしケインズは、ソサエティからブルームズベリーの流れにぴったりと寄り添ってはいたものの、それに淫したり耽溺したりしていたとは思われない。二人のジョージのあいだの緊張、いいかえれば政治性と審美性、行動性と思索性あるいは世俗性と超俗性のあいだの緊張はケインズにとりついて離れぬものであった。彼が両者をよく結合したかどうかは別問題として、二者択一するような短絡は犯さなかった。彼は政治と哲学・芸術の双方に並でない関心をはらい、相応の関与をしめしたのだが、彼の係留点は政治と哲学・芸術のあいだに張られた綱の上にあったのである。

どこまで自覚的であったのかは不明であるが、彼は経済学がこの綱の上にある、または綱そのものの一部であると考えはじめた。自由貿易を擁護する演説をおこない、夭折の経済学者ジェヴォンズの『通貨と金融にかんする研究』や書簡・日記の類を読み漁り、そしてもちろんマーシャルの『経済学原理』の勉強にも励んだ。マーシャルはケインズの父親に次のような手紙を書いている。

ご子息はいま経済学のすぐれた研究ぶりをみせています。私は彼に、もし彼が専門的経済学者になる決心をしたら非常にうれしいと話したことがあります。しかしもちろん私は彼に強制してはいけないと思っています。〔9〕

消極的な方向で忖度すれば、数学の上達において次第に困難を感じはじめていたこと、そして芸術については、おそらく、自分が愛好家の域を出るものではないと知ったことなどからくる消去法の結果として、経済学が選択されたのかもしれない。しかし、より積極的に経済学に自己の適性を見出しつつあったのも事実である。ストレイチーへの手紙に曰く、

僕は経済学をますます満足なものと考える。僕は自分がどちらかといえば経済学に適しているように思う。僕は鉄道を管理したり、トラストを組織したりしてみたい。……これらの事柄にかんする原理に精通することはまったく容易でもあるし、また魅力的でもある。〔9〕

だが彼は、マーシャルの勧めにのって大学へ残るようなことはしなかった。ケムブリッジに留るのは青年ケインズにとって姑息の手段とみえたのであろうし、自分に眼をかけてくれるマーシャルも、ある友人への手紙で語っているように、「きわめて偉大な人物だ、しかし彼は個人的性格においてはむしろばかげた人物だ」と思われたからであろう。ふたたびストレイチーへの手紙を引用すると、

マーシャルは僕に専門的経済学者になるように絶えず勧めており、その美挙を促すために

僕の論文にお世辞たらたらの批評を書いている。それにはなにかあると君は考えるか。僕はそうは思わない。僕が欲しささえすれば僕はおそらくここで職を得ることができるだろう。しかしこの場所で僕がいつまでも暮らすことは、たしかに死ぬようなものだと思っている。唯一の問題は、ロンドンにおける官庁が同じように死ぬようなものではないかどうかということだ。僕は押し流されてしまうだろうと自分で想像している。〔9〕

学生生活の末期、彼はロンドンに部屋を借りて、文官試験にそなえていた。彼としては珍しいことに、いささか懶惰《らんだ》に流れて過しながらも、文官試験には第二位で合格し、そしてインド省へ入った。一九〇六年の師走のことである。

ブルームズベリー

インド省には一年半ぐらいしかいなかった。「自分がその期間になし遂げることに成功したことのすべては、一頭の血統正しい牡牛をポンペイへ船積みさせたことであった」というのが退官にあたっての弁である。その五年後に『インドの通貨と金融』によって経済学界で揺がぬ地歩をしめるようになるのだから、転んでもただで起きぬということだったのであろうが、彼の懸念どおりにインド省での官吏生活は「死ぬようなもの」だったのである。

しかし、その退屈を補うようにして、ブルームズベリー・クラブにおける生があった。このクラブの淵源は一八九九年秋のケムブリッジにまで遡ることができるといわれている。当時、ウルフ（社会批評家）とストレイチー（文芸批評家）は深夜会《ミッドナイト・ソサイエティ》という読書クラブでトウビー・スティーブンやタライブ・ベル（美術批評家）などに会う。トウビーはヴィクトリア時代の有名な著述家レズリー・スティーブンの長男で、ヴァネッサ（同じく画家）およびヴァージニア（小説家）姉妹の兄である。後にヴァネッサはベルと、そしてヴァージニアはウルフとそれぞれ結婚することになる。トウビーが急死した翌年つまり一九〇七年に、姉妹はロンドンの住宅地ブルームズベリー界隈に別々に居を定める。この二軒の家を中心にして、ブルームズベリー・クラブとよばれる集まり、主として視覚芸術を志向する青年たちの集まりがはじまった。ストレイチーの従兄弟にあたる画家ダンカン・グラントによると、「これら使徒会の若者たちは、自分たちが二人の若い女性の大胆さと懐疑主義によって衝撃をうけるということを発見して、驚いたのだった」というわけである。この二人の女性の知的冷静さにストレイチーの偶像破壊の情熱が加わる。ハロッドによると、

> 彼は内面的活力の巨大な源泉をもち、主張すべき見解をもち、常にその時機をねらって

ばかばかしい嘲笑を放ち、生活と友情への情熱をもち、もっぱら最高級のものにのみ関心をもち、外部の侵入者は容赦なく粉砕し、発作的で、神経質で、威圧的で、恐ろしさすらもっていた。

このストレイチーを通じて、ケインズはブルームズベリー家族の一員となった。芸術的創造について結局は門外漢であるケインズがこの集まりのなかでどんな位置をしめたのか、私には明確ではない。世俗的な事柄にかんする相談役、それがケインズだったのだろうか。ハロッドは、彼ら芸術家たちがケインズのことを「自分たちの無条件的な支持者であると心から感じていた」というが、本当にそうだろうか。ストレイチーは不機嫌なとき「ポッツォのことで僕がこんなにいらいらさせられるのは、彼に審美的感覚がないからだ」といったという。コルシカの外交官ポッツォ・ディ・ボルゴになぞらえられたのは、ほかならぬケインズである。

またハロッドによると、ケインズは「これらの友人たちの仕事や人格は、彼が接触をもつようになった傑出した有名人たちよりもいっそう重要であると信じていたことは疑いない」というのだが、本当にそうだろうか。それでは、ケインズが自分の結婚を契機にしてブルームズベリーから離反してゆくようになるのは何故なのだろうか。そして老境にさしかかってから、ケインズが自分らの若き日の信条〟を反省的にふり返ることになるには、どんな訳があったのだ

リットン・ストレイチー
（1912頃、ヴァネッサ・ベル筆）

ろうか。このような疑問についての詳しい検討は次章にまわすが、ケインズは自分の危うい位置を当初から分っていたのだ、と私は思う。たとえば、学生時代の最後の年にイタリア旅行に出かけた・ぃき、友人から美学的見解をさんざん聞かされた後で、ストレイチーに次のような手紙を書いている。

> 僕は審美的観点をこんなに綿密に知ったのははじめてだ。僕は高い道徳的根拠からそれに反対だ——その理由は自分でもよくわからないけれども。それは故意に神聖な現実をもてあそんでいるように思われる。しかしこれも偽善者的な言い方ではないだろうか。〔9〕

この微妙な言いまわし方に、ケインズにおける審美と道徳あるいは理想と現実のあいだの葛藤がよく示されている。美を感得することの驚き、しかしそれに惑溺することの危険、現実が逃れがたい重みをもつことにたいする自覚、しかしその重みが理想にたいする足枷になることへの危惧、こうした両面的な配慮がブルームズベリーにおけるケインズの立場をはじめから独得なものにしていた。ストレイチーの声にケインズだけが感染しなかったのはそのひとつの現れなのだ、と私は思いたい。クライブとヴァネッサの子供であるQ・ベルはその感染なるものを否定しているけれども、ハロッドによると、ストレイチーの抑揚をつけた話し方がブルームズベリーのなかにひろまっていたという。

この抑揚は、文章の形式的な意味につけ加えられる、含蓄をいいあらわすのに使われた。多くの著名な人々が、おそらくそれと知らずに、この習癖を採用した。彼らは感染しやすかった。内輪の仲間たちのうちにあって、ひとりメイナードのみが、まったく免疫であった。彼の温和な、独特の話しぶりは早くから変わらずに続いていた。

このようにいうからといって、ブルームズベリーがケインズにとって大切でなかったというのではない。それは彼の人生の、内容というよりも型に、決定的な影響を与えたのである。そこでは、当時としては珍しかった性や精神分析の問題まで含めて、考えうる一切のことが、鋭い相互批判をまじえて、そして時として冗談まじりに、議論された。ハロッドがいうように、ブルームズベリーの人々は、問題が単純であるとか、解答が新しい教科書のなかに書かれうるとかというふうには、あえて考えなかった。むしろ彼らは自分たちが偉大な覚醒の前夜にいると感じていた。

ケインズがブルームズベリーと分ち持ったのはこの覚醒の感覚なのである。とくに、インド省をやめてケムブリッジ大学に戻ってからは、ケインズにとって、ブルームズベリーとの交流はその感覚を維持しつづけるための必須の媒体となった。グラントと共同で部屋を借りたり、さらにヴァージニアとウルフを加えて共同で家を借りたりするという形で、彼は覚醒の拠点を確保したのである。既成の知識、既成の感覚の体制のなかで眠りこむことにたいする激しい嫌悪が彼をブルームズベリーに結びつけたのであろう。

しかし覚醒の内容となると話は別である。ここで内容というのは、ケインズが経済学や時事問題をやり、ほかの連中が芸術をやっていたというようなことではない。それは資質や好みの差であるにすぎない。ケインズをブルームズベリーからひそかに隔てていたのは、知的貴族の後裔であることについての自己認識の濃度の違いなのだ、と私には思われる。ブルームズベリーの反逆的な言動がいわば〝甘やかされたお坊っちゃん〟のデカダンスとして、つまり理性尊重の名に隠された直観や良識やの退廃として受取られる危険を、いやそれ以上に、実際にそのようなものになってしまう危険を、ケインズは少しずつ理解していたのではないか。小説家D・H・ローレンスがブルームズベリーに浴せかけた表現をかりれば、ケインズは自分が「このぞっとするような、うようよ集まっている小さな自我」の一員であることにも覚醒しつつあったのである。ヴィクトリア期には安穏とみえた知的貴族の環境が音立てて崩落してゆく今世紀の状況にあって、なおも知的貴族でありつづけようとすることの魅力、それがケインズにとってのブルームズベリーであった。そして他方では、そのような世紀の状況の直中に降り立つのが、たとえば大衆の経済問題とかかずりあうのが、知的貴族のノブレス・オブリージュ（高貴な義務）のだと知ったこと、それがケインズのブルームズベリーからの離脱なのであった。ハロッドは、ケインズが晩年になってからブルームズベリーの精神にたいし批判的言辞をはいたことをもって、「もし彼がこのことを若い時代に予知していたとすれば、非常な苦悩を彼に与えたことであろう」というのだが、私にはそうは思われない。むしろ、ブルームズベリーにおける異端であるという自覚が早期からあったために、かえって、そこに永くとどまることができたのではないだろうか。

異端の自覚は、たとえば、第一次大戦の末期にケインズが絵画を収集するような光景となって現れる。ドガの個人的な収集品が競売に付されると分ったとき、ケインズは大蔵大臣を説得して国立美術館にそれらを購入させることに成功した。印象派の絵画に熱烈な関心をもつブ

ブルームズベリー（ゴードン・スクェア46番地）
におけるケインズ夫妻

ルームズベリーが興奮しないはずはない。ドイツの砲撃にさらされていたパリで、彼はドラクロア、ゴーガン、アングル、マネー、ルソーなどを買う。ついでに自分用にセザンヌの林檎、などを幾点か買ったという。ガーネットはケインズに書き送る、

ネッサ〔ヴァネッサのこと〕とダンカンは……君のことを非常に自慢しており、君がどんなふうにやったか知りたがっている。君は完全に赦罪された。将来の罪もまたゆるされた。〔9〕

ケインズの罪とは、彼が大蔵省にいてイギリスの戦争努力に関与していたことをさす。ハロッドも記しているように、ブルームズベリーの多くは良心的な、さらには個人主義的な応召拒否者だったのであり、たとえばストレイチーは「ドイツ人がここへ〝侵入してきたとて〟どんな違いが生ずるか」と一度ならず言い放つという調

子であった。ケインズは彼らと一線を画して、「われわれはいまその中にいるのだ、……われわれはそれを完遂しなければならない。実際それに代わることのできる実行可能な道はない」と論じていた。ケインズには義務と思えた行為がブルームズベリーには罪悪とみえ、そしてその罪人が、ブルームズベリーの聖なる芸術のために、戦争によって廉価になった聖画の競売に馳せ参じる。この皮肉な情景のなかに、ブルームズベリーとケインズとのあいだの架橋しがたい懸隔が顔をのぞかせている。

経済学

インド省における勤務のかたわら、彼は確率論の研究に励んでいた。ケインズの思想において確率論がどんな位置をしめていたのか、その検討は第三章にまわすことにするが、一言でいえば、それはイギリス経験論の基礎をなす帰納法を数学的に吟味するものであった。ホワイトヘッドとラッセルの『プリンキピア・マテマテカ』(一九〇三年)の方法つまり数学全体を最少数の定義と論理にかんする公理とから導出しようとしたのと類似の方法によって、経験的判断の妥当性を、確率論にもとづかせることによって、公理主義的に論証する、それがケインズの眼目であった。同じ一九〇三年に出版されたムーアの『プリンキピア・エチカ』が経験的判断にかんする叙述主義的な論証であるとみなせば、ケインズは、ふたつの『プリンキピア』を焦点とする楕円軌道を描こうとしていたのだ、ということができる。彼はこの壮大な主題を、一九二一年に『確率論』として公刊するまで、一四年間にわたって、間歇的《かんけつ》にではあるが追求しつづけたのであった。

しかしとりあえずは、一九〇八年、キングズ・カレッジ・フェロー（特別研究生）の資格をうるために彼が提出した『確率論研究』は不合格におわった。それが、ケインズのいうように、「ホワイトヘッドの報告によって被害をうけた」せいなのか、そしてホワイトヘッドが「彼のくだらない批判から想像するに、きわめてわずかしか哲学がわかっていない」人物なのかどうか、ここではどうでもよろしい。ともかくそのおかげで、ケインズはマーシャルの愛弟子にあたるA・C・ピグーから年一〇〇ポンドをもらって、経済学の講師になった。翌年三月に『確率論研究』を再提出して正式にフェローになったのだが、すでに彼の活動分野はしっかりと経済学につながれていたのである。

彼は『指数の方法』（一九〇九年）によってアダム・スミス賞をうけ、『インドの通貨と金融』（一九一三年）によって経済学者としての旗幟《きし》を明らかにした。純学術的な著作は多いとはいえないが、それでも彼は、『貨幣論』（一九三〇年）そして『雇用、利子および貨幣の一般理論』（一九三六年）を著して、経済学界の中枢にいつづけた。

しかしケインズが自分の名を巷間に高からしめたのは、多少とも社会評論をまじえた経済政策論議によってである。『平和の経済的帰結』（一九一九年）は、ドイツにたいする過酷な賠償を請求したヴェルサイユ条約の内幕を発《あば》き、その実行不可能性を闡明《せんめい》し、そしてそれがヨーロッパにおける新たな紛争の火種となることを警告して、国の内外に評判をとった。『条約の改正』（一九二二年）はその続編である。これらがヨーロッパ文明の危機を経済的側面から認識するものであったとすれば、『貨幣改革論』（一九二三年）および『チャーチル氏の経済的帰結』（小冊子、一九二五年）は、主として金本位制への復帰に反対することをつうじて、新たな経済制度つまり管理通貨制度の必要性を提唱するものであった。そうした方向での経済思想的な表明が『自由放任の終焉』（小冊子、一九二六年）にほかならない。

市場の自動調整機能が失われつつあるのだとケインズに思われた。その端的な現れである失業という事態を前にして、なんとかしなければならぬ、と考えるのがケインズの信じる道徳であり、実際に、なんとかなる、と見込むのがケインズの頼る理性なのであった。彼の視線の照準は失業対策としての公共支出に定められ、そこで『ロイド・ジョージはそれをなしうるか』（小冊子、一九二九年）そして『繁栄への道』（小冊子、一九三三年）が執筆された。なお、失業とならんで現代資本主義のもうひとつの疾患であるインフレーションについて、またはデフレーションもふくめていえば通貨価値の異常な変動について、彼は無関心ではなかった。レーニンが「資本主義制度を破壊する最上の方策は通貨を堕落させることだ」といったことの意味を、ケインズはよく理解していた。比較的にいえば、雇用問題の方が優先させられていたとはいえ、たとえば『戦費調達論』（小冊子、一九四〇年）においては、インフレーションの弊害とそれを除去するための試案が正面から論じられているのである。

「ケインズは、事件に即座にまた直接的に反応する臨機応変主義者であって、彼の反応は答を出すこと、覚え書をかくこと、そしてすぐに出版することであった」とE・ジョンソンはいう。まことにその感が深く、彼の時事論評は、とくにその四〇歳代において集中的に、『ネーション』誌や『ニュー・ステーツマン・アンド・ネーション』誌をはじめとして海外の新聞・雑誌にいたるまで、様々の場所で矢継ぎ早に発表された。ハロッドによると、「繰り返し彼は、無鉄砲な行動のように思われることをする危険のほうが、なにもしないことの危険よりもはるかに小さい、と説いていた」そうである。なにを根拠にそんな無鉄砲な説法ができたのか私には理解しかねる。しかしともかく、彼は経済をめぐる目まぐるしい言論戦の雄であった。彼は毎日千語書くのを生活の規則としていたのだが、それすら彼の生活全体の一部にすぎなかった。投機の事業や雑誌の編集や大学の管理や芸術活動の助成やにも時間を割かなければならなかったからである。

こんな事情であるから、P・サムエルソンがいうように「たぶん彼は、世間の出来事でいつも忙しすぎて、ある種の基礎的な諸問題をくりかえし考え抜くということができなかった」〔13〕のであろう。しかし、彼は・基礎的な諸問題・が何であるかを発見するために世間と付き合っていたのだ、ということもできる。ケインズの求めていたのは、実生活の経験と適合的な結論を導くのに必要になる、現実的な前提あるいは仮定なのであった。この発見作業は、学術的な約束事の世界をこえて混沌とした状況のなかへと進むのであり、したがって活動的生の形態をとるものである。ケインズにあって経済学も明らかにこの活動的生の一部なのであって、彼の評論活動もその角度から評価されなければならない。その『一般理論』が少くともある期間において革命的・ありえたひとつの理由は、そこに、彼の多面的な生の活力が、そしてその活力によって把握された現実感覚が、流れ込んでいるという点にあると思われる。

ところで、経済学的認識は、一種の象徴的価値として、社会のなかであたかも貨幣と同じように機能する。ケインズの学術研究がその価値尺度を定めようとするものであるのにたいし、彼の評論活動はそれの流通を受持つものである。貨幣の四元機能に比喩していうと、残るは価値の保蔵と価値の表現（決済）なのであるが、ケインズはそれらについても積極的にかかわっていった。

まず彼は、大学の管理や学会の運営などについて抜群の能力をふるうことによって、経済学的認識が組織のなかにいわば保蔵されるのを助けた。たとえばケムブリッジに戻った翌年、学生指導のために〝経済学クラブ〟を創立し、そこから、後に〝ケインズ・サーカス〟とよばれることになる一群の若き俊秀、たとえばR・カーンやJ・ロビンソンなどを輩出させた。また、マーシャルの強い推挙があって、二八歳のとき（一九一一年）から学会誌『エコノミック・ジャーナル』の編集長、つづいて三〇歳のときから王立経済学会の書記長となり、それぞれにおいて死の前年（一九四五年）まで敏腕を鳴らした。三六歳からはキングズ・カレッジの会計責任者となり、株式投資などに資金を運用することによって、初めは三万ポンドであった基金を彼が死ぬころには三八万ポンドにまで増やした。いったい、この活力はどこから出てくるのか。ハロッドによると、

　彼のキングズ・カレッジのための重い仕事は単なる職務ではなかった。それは個人的収入の源泉としては勘定にはいらなくなっていた。一九二〇年に彼は配当のない員外フェローとなっていたのである。彼がカレッジのために相変らず働いていたのは、それが彼にとってまったくの喜びと楽しみの源泉であったからである。

ケインズは彼のいう「クローズド・システム」を大事にしたのである。一方ではロンドン、パリそしてワシントンへと自らを開放体系のなかに置きながら、他方ではケムブリッジの閉鎖

体系において生じる一切のこまごまとした事柄に通暁する、このバランスが彼の快楽の源だったのであろう。

次に経済学的認識をめぐる価値の表現もしくは価値の決済については、ケインズの場合、明確に政治のかたちをとった。不確実な未来へむけて方針を提示し、その成否の責任を引受けるのが政治の姿であり、そしてどんな認識も、究極においては、政治と無関係でおれない。表現は決断を含み、決断は責任を予定しているものだからである。この脈絡をなにほどか自覚してのことであろうが、ケインズは、学者としては希な質量において、政治の現場とふかくかかわりをもった。とくに第一次大戦の最中、大蔵省にいわゆる「A」課を組織して国際金融問題を担当し、そしてパリ講和会議においては大蔵省首席代表として出席して、ドイツにたいする報復的な賠償請求に孤立無援で反対した。また第二次大戦においては、戦後の国際通貨・金融制度の改革を討議・定するためのブレトン・ウッズ会議で、強大な国威を背景にもつアメリカ代表のH・ホワイトと渡り合った。

両会議とも「ケインズ案」を斥けた。総じてケインズは、説得という政治的行為において、敗北者といえぬまでも勝利者ではなかった。マクミラン委員会その他の経済諮問会議をつうじて、ケインズの影響力が少しずつ高まってはいったが、赫々《かくかく》たる戦績をあげたとは思われない。彼は『説得論集』(一九三一年)の序文において、自分の言説を「かつて一度も事態の成行きにたいして時宜に適った影響を与えることができないままに終った、かのカサンドラにも似た一予言者の凶事をつげる叫び」とよんでいる。これはいくぶん大仰であり、また彼がさほどの凶事を予告したとも思われないのだが、しかしなお、ケインズの政治というものにたいする気分をよく伝えてくれている。パリ会議のときの一閣僚クロフォード・アンド・バルカリス伯爵が日記にしるしている。

イギリス使節団でさえ、すべてが首相に熱誠を捧げているわけではない。彼らはよく勤務精励し、素晴らしい資料、統計、要約、論証資料などを作成する――だが、総理がそのようなものを一顧だにせず、無駄骨であることをよく承知している。〔12〕

ケインズも承知していたのだと私は思う。しかし、だからといって、政治の修羅場に入ってゆくにはケインズは余りにも学者、しかも経済学者でありすぎた。同伯爵はいう、

彼〔ケインズ〕は、全体としてみて、大きな政治上の諸問題を通貨と為替の面からばかり見すぎると考えざるをえない。……彼は素晴らしい男だが、人生を大学で過ごしてきており、人を操ったり、人の気持を推し量ったりした経験がないのだ。

結局、ケインズの政治性とは、現実の政治を疑い、そして現実の政治から疑われながらも、自らの経済学的認識を政治という煉獄の火によって浄化させずにはおかない、しか・烽ｷれを真剣な遊戯としてやり通そうとする精神の強靭さのことなのである。

妻、農場、劇場、投機、病気など

多彩な公的生活の合間をぬって、ケインズにも私的生活があった。つまりメイナード個人がいた。一九一八年、ディアギレフ・バレエ団がロンドンを訪れ、メイナードは美人バレリーナ、リディア・ロポコーヴァと知合になる。ブルームズベリーのすべてがリディアの芸と機知を楽しむようになる。財政難でディアギレフが解散したあとも、リディアは新しいバレエ団に属してロンドンやパリで踊っている。メイナードはそれを見にパリまで出かけるという執心ぶりである。一九二五年メイナードは、〝あんなコーラス・ガールと〟、という一部ケムブリッジ・マンたちの誹《そし》りをはねのけて、マーシャル夫人にいわせれば「メイナードのしたことのうちで最もいいこと」〔9〕、つまりリディアとの結婚をする。彼女とのつながりで、一九三二年にカマーゴ・バレエ団の会計理事になったり、一九三六年にケムブリッジにアート・シアターを設立し

屋外で踊るリディア（ガージントン、1925）

バレエ「ペトルーシカ」に出演したリディア

たりする。そして結婚を機に、サセックスにティルトンとよばれる家を入手した。それからは、週の真中をロンドンで、週末をケムブリッジで、そして休暇をティルトンで過ごすのがメイナードのならわしとなった。

　生活資金は、ひとつに、一九一九年からはじまった外国為替や商品の投機によって、ふたつに、いくつかの投資会社や保険会社の重役をすることによって、そしてそれに印税や原稿料を加えることによって調達された。一九二〇年には投機で失敗し破産状態に陥るが、すぐ立直り、それ以後、財政的には潤う一方で、彼が死んだときには五〇万ポンドの遺産が残されていたというから、大変なものである。

　晩年におけるメイナードの社会的名誉もまず申し分のないもので、あちこちの大学から名誉博士号を授けられ、一九四二年にはバロン・ケインズ・オブ・

ティルトンの位をうけ、ケインズ卿となった。また同年に、名士にふさわしく・音楽および美術奨励委員会・の委員長に就任している。

しかし、どんな強者にもひとつぐらいの弱点はあるもので、メイナードの場合は、心臓病がそれであった。イートン時代のウォール・ゲームのやりすぎで心臓を害し、そしてそれがパリ講和のときの過労からきた肺栓塞症につながり、一九三七年、心臓病で重態に陥る。それ以後はリディアの手厚い看護をうけながら、ティルトンにおける農場経営を楽しんだり、書物の収集にいっ・きうの拍車をかけたりするが、戦雲は彼をアメリカへとさそいこむ。一九四四年、ブレトン・ウッズ会議の途中で心臓病の発作におそわれ、さらに一九四六年三月一八日、サヴァナでの国際通貨基金および世界銀行の創立総会からの帰途、ワシントンへの車中でふたたび激甚な発作にみまわれる。ハロッドによると、

一歩一歩、彼は苦闘しながら進んだ。それは実に拷問の苦しみであった。それはたしかに地球の内部を、動く通路をとって永久に歩きつづける、地獄に落された者の懲罰であった。

しかしティルトンにもどると、美しいイギリスの田園があった。相変らず仕事がついてまわってはいたが、森や農場を散歩し、サセックス丘陵を妻と母をつれてドライブするくらいの暇は

リディアとケインズ（1929）

あった。四月二〇日、庭つづきの丘ファール・ビーコンに登ったメイナードは久しぶりに爽快な気分で、リディアといっしょに届いたばかりのある古詩集の話をしながら歩いて丘を下った。翌朝、メイナードは咳込み、リディアが駆けつけたが、それもむなしく、彼の心臓はとまった。以上がジョン・メイナード・ケインズという人間の六二年と一〇ヶ月にわたる人生の概略である。

道徳

ケインズには背徳の臭いがある、と一般に思われている。彼自身、もう五五歳になっていたのに、「私は依然として背徳者であるし、これから先もずっとそうであろう」〔7〕と述懐している。ケインズ研究家であるR・スキデルスキーの解釈を俟《ま》つまでもなく、ケインズのことを〝ヴィクトリア思潮への反逆児〟とみなすのが広くゆきわたった見解である。つまり、ケインズの経済学は反ピューリタンの倫理に発しているのであって、たとえば金利生活者の貯蓄を攻撃して勤労大衆の消費を称揚するその主張も、義務や責任や公徳心にもとづいて将来に備えるよりも愛や美や真理のために現在の一瞬を燃焼させるのをよしとする倫理感に支えられているのだ、というのである。

なるほど、ケインズの言動のうわべをざっとなぞる限り、彼は背徳の人である。そしてこの反逆としての背徳という点において、ケインズはブルームズベリーの固い同盟者のようにみえてくるし、そのことを象徴的に示すものとして、彼および彼らの同性愛志向がとり沙汰される。

ムーアの重要な教えは、「善それ自体は……意識のある一定の状態であり、大ざっぱにいえば、人間的交流の喜びや美的な対象の享受ということができるだろう」というものであった。この教えによって同性愛が正当化された。同性愛は、異性愛のように生殖のための手段となるようなものではなく、そのこと以外に特別の目的をもたぬ喜びであり享受であるからである。Q・ベルによると、ローレンスがブルームズベリーにたいして抱いた嫌悪は、実は、彼らの同性愛に向けられていたということである。

男がもつ男の恋人たち。彼らは僕に堕落した感じ、ほとんど腐敗した感じを与えるので、僕はあぶら虫の夢を見る。あれはいまわしい。……僕は官能的欲情は好きだ――しかし虫のような欲情はいやだ――それは猥褻だ。僕は人間が獣になるのは好きだ――しかし虫になるのは――一匹の虫がもう一匹の上にのっかるのは――ああ、とんでもない。〔8〕

ベルのいうように、ローレンスの散文は「時に錯乱した精神の詩に近い」のであるから、彼の夢を字義どおりに実際の模写だと考える必要はない。ただ、L・ヴィトゲンシュタインが不平をこぼし、そしてケインズが自認しているように、ブルームズベリーが「何にたいしても誰にたいしても尊敬の念を欠いていた」のは否めないのであり、同性愛の問題がその象徴的な現れなのだとはいえる。師マーシャルのことを世の中で役に立つことを余りにも切望しすぎた人間として批判し、「どこか彼の内部には……福音派道学者の小鬼がひそんでいた」〔7〕と冷やかしたのは、三一歳のときである。さらに遡れば二二歳のとき、シジウィックにたいしても批判を浴せている。「キリスト教が真理であるかどうかを疑い、それが真理でなかったことを証明し、しかもそれが真理であったらよかったと考えている」〔9〕シジウィックの道徳的善良と宗教的疑念について、「そんなものはもっと早く克服してしまうべきであった」とにべもないのである。

このような系列の証拠をあつめ、それに相場師や臨機応変主義者やの像を重ねていくと、背徳者ケインズができあがる。いいかえると、冷笑と軽薄を宗とした（といわれる）ジョージアン（一九一〇年から一九三六年に及んだジョージ五世時代の人々）の典型が描かれる。ケインズが学問における一流派の始祖でありながら、たとえばマルクスの場合のように無条件の崇拝をうけることが少ないについては、こうした人柄のせいもあるのである。経済学をふくめ社会科学という曖昧な学問においては、論者の品格が論述の端々に滲《にじ》むものであるから、それも已むを得ないことではある。

しかし逆証を探すことも可能である。ケインズにあって、それはむしろ容易である。たとえば、〝ケインズ・サーカス〟の中心人物の一人であるE・A・G・ロビンソンは、「彼〔ケインズ〕が……彼の同僚と生徒に影響力を及ぼすに当って少なからず貢献したのは、道徳的動機というヴィクトリア的要素にほかならなかった」〔13〕と断言している。またハロッドが指摘しているように、すでに二一歳のとき、ケインズが保守的懐疑の代表者ともいうべきE・バークについてかなり同情的な論文を書いているという事実は十分に注目されてよい。つまり、人間が自らの不完全さについて懐疑するなら、歴史の試練をくぐり抜けてきた伝統というものに頼る必要があることを、彼は理解していたのである。このことは、必然、彼がある種の道徳を早期から保守しようとしていたことを意味する。それはいわば伝統主義的な道徳であり、伝統のなかに堆積しきたった一般的規則に従う義務があると考えるものである。

他方でいわば理想主義的な道徳がある。つまり個人や集団の創意によって主体的につくり出された理想に従うのを義務とする見方である。これら両種の道徳は、常識というものが伝統によって構成され、そして理想というものが常識を打ちやぶるという点を強調するとすれば、常識の道徳と非常識の道徳とに類別されよう。これらがケインズにおいて激しく相克したのは、第一次大戦で徴兵を忌避するかどうかをめぐってであった。前章でふれたように、彼は、常識の道徳に殉じ、戦争に協力するのを義務と考えて大蔵省に入った。しかしブルームズベリーの人々は非常識の道徳を採り、社会から指弾されながらも、良心的徴兵忌避に走った。ストレイチーはケインズを批判して自分の弟に語ったという。

ああいう連中〔役人たち〕と一緒に何かましなことができると考えていて、どんないいことがあるのか。……あわれな男で、正当なことをしていると思っているのだ。罷めない理由のひとつが、仕事をきちんとしていることから得られる喜びだとは自分でも認めていた。……いつかは罷めなくてはならない時がくることだけはやっと認めた。しかし、その時がいつだかは言えないというのだ。〔9〕

二種の道徳にはさまれてケインズのとった態度は混乱していた。もっとあっさりいえば、ずるいやり方であった。ハロッドによると、「自分は良心的徴兵忌避者ではないけれども、強制徴兵には良心的に反対だ」といい、実際に召集令状がきたときには、「自分は忙しくてとても召集には応じられない」と大蔵省の便箋に書いて返事したのである。さらに数年後、ケインズにたいする免除通知が存在していないことが判明したとき、「彼は大蔵省定員官の了解を得るために、こっそり歩き回って免除をうける形式的手続きをぜんぶ整えた」という次第である。

しかし、ともかく、彼は常識の道徳に従ったのである。ケインズの挙措《きょそ》を総体にわたって眺めると、伝統を疑ってはいたがそれを捨てることのできない人、ということになるのではないか。ケインズと同年のJ・A・シュムペーターは、お互いが四〇歳代の半ばのころに会って、次のように記している。

広く流布された意見とは反対に、彼は礼儀正しくしえたひとであった。しかもその礼儀正しさは急には身につけられない古風な固苦しさを伴っていた。たとえば、彼の招いた客が、海岸の霧のために遅れて、午後四時にやっと到着するまで、電話と電報の連絡があったにもかかわらず、昼食の卓につくことを肯《がえ》んじようとはしなかった。〔15〕

このように若い頃より連綿とつづいていた常識あるいは伝統へのひそかなこだわりが、ついに、彼をして道徳的反省のための回想記を書かせることになったのだと思われる。

『若き日の信条』

この思い出の記は、ケインズが自分の道徳哲学についてまとめてのべた唯一のものであり、その発表の経緯についても興味のそそられるところがあって、頻繁に言及される文献ではある。しかし私のみるところ、少くともケインズ論との関係において、その解釈はまだ落着をみていない。

一九二〇年に、ブルームズベリーの人々を中心にして〝メムワー・クラブ〟なるものがつくられ、各人が自分の思い出について語るという催しがつづけられた。一九三八年、ガーネットが例の一九一五年におけるローレンスとブルームズベリーおよびケムブリッジとの出会いについて報告した。ローレンスが「あぶら虫ども」と手を切るようガーネットに迫り、ガーネットの方は逆にローレンスと絶交する破目になった顚末が語られた。その折ケインズは欠席していたのだが、後日ガーネットの文章を読んで反応し、同年、ミュンヘン条約の直前にメムワー・クラブで報告したのが『若き日の信条』である。彼はそれが自分の生前に公表されることをきらったので、クラブの外部のものは一九四九年になってはじめて、ローレンスとブルームズベリーの関係をめぐるいわば文芸社会学的の出来事を知ったわけである。Q・ベルによると、ミュンヘン条約直前というのが決定的である。つまり戦争の足音につれて、政治権力に加担するケインズは一部知識人から、とくに若い世代から〝反動〟とみなされるようになっていた。その場に居合わせたベルの受取り方は、『若き日の信条』においてケインズがマルクス主義を批判したりローレンスの直観主義を擁護したりしたのは、ベルたち若い世代に「衝撃を与え、苛立たしい気持にさせるよう意図」してのことである、というものである。簡略にいうと、ローレンスはブルームズベリーの同性愛について嫌悪したのであって、その知的性格についてではない、それなのにケインズは、ローレンスに肩入れするという策略によって、ブルームズベリーの若い世代の知的性格を難詰したというのである。

ケインズのことだからいろいろ策略もあっただろうが、私はどう読んでみても、『若き日の信条』はそれ以上のものであると思わざるをえない。ケインズの内部に当初より胚胎していたブルームズベリーへの違和感のむしろ遅すぎた表明、それが『若き日の信条』なのだと私には思われる。ケインズがブルームズベリーから実質的に離脱したのを、ハロッドのように「リディアとブルームズベリーとの間の溝」のせいにするのは皮相である。ましてその溝を、「ブルームズベリーのいまや固定化されてしまった〔弁証や討論の〕習慣」と「リディアの創造的な衝動」との違いに求めるのは、リディア礼讃の度がすぎて眉唾である。溝はケインズ自身の主として道徳の領野に穿たれていたものなのではないだろうか。

『若き日の信条』の内容は、その修辞の衣を剥《は》いでいうと、次のことに関しての反省である。


われわれはいわばムーアの宗教を受け容れて、彼の道徳を捨てたのである。実は、われわれの考えでは、彼の宗教の最大の利点のひとつは、それが道徳を不要なものにしたことにあった。――この場合、〝宗教〟とは自分自身と絶対者とにたいする態度のことであり、〝道徳〟とは外部の人間と〔自己と絶対者のあいだの〕中間的な存在とにたいする態度のことである。〔7〕

ムーアの宗教とは、心的状態の属性としての〝善さ〟（グッドネス）にかかわるものであるが、そうした状態は、通常の功利主義者のいうように快楽に一元化されるものではなく、もっと多元的である。そしてムーアの経験的判断によると、そのなかでもとりわけ価値あるのは、人間的交際の喜びと美的対象の享受なのである。そこから、情熱に支えられた〝観照《コンテムプレーション》〟と〝交わり《コミユニオン》〟を理想とするネオ・プラトン的な立場が出てくる。ムーアの倫理学が理想的功利主義といわれる所以である。ケインズは自分たちがこの宗教を信じていたという、

このようにしてわれわれは成長していった。――つまり、プラトンの善それ自体への没頭により、聖トマスを凌ぐスコラ哲学により、虚栄の市の快楽と成功をカルヴィン主義的に断念し、ヴェルテルのあらゆる悲しみに打ちひしがれながら育てられたのである。だからといってわれわれは、ほとんど常に笑いを絶やしたことはなかったし、われわれの宗教に改宗していない世間の人々すべてにたいして、非常な自信や優越感や軽蔑の念を楽しんでいた。……今から考えると、われわれのこの宗教は、その下で成長してゆくのに非常にふさわしいものであったように思われる。それは相変わらず、私の知るほかのどの宗教よりも真理に近いものである。……またその宗教には、フロイト兼マルクスよりもはるかに純粋な甘美なところがあった。それは今でも、内面的には私の宗教である。〔7〕

彼が反省したのは、ムーアの『倫理学原理』の第五章「行為との関係における倫理」を、つまり行為の属性としての〝正しさ《ライトネス》〟にかんする議論を、彼らが無視したという点についてである。

われわれは……因果関係の吟味により、最も確実な、終局的な善の極大を生み出すように行動すべき責務を扱った部分を（この部分には誤謬が含まれていて確かに難解な議論であった）無視したばかりでなく、また、一般的規則に従う個人の義務を論じた部分をも無視したのである。われわれは一般的規則に従うという、われわれに課せられた個人的責任をまったく拒否した。……われわれは慣習的な道徳や、因襲や、伝統的な知恵をまったく拒否した。換言すれば、われわれは厳密な意味における背徳者であった。〔7〕

ムーアのいう行為の〝正しさ〟は、主に「手段としての善」をさすものである。そして、彼の友人である哲学者R・B・プレイスウェイトが論じているところによると、ムーアは、行為の正しさはその行為のもたらす帰結からうまれる、という帰結主義《コンシクエンシアリズム》の立場にたっている。帰結主義なるものは、結果の如何にかかわらず常に従わなければならないような一般的規則あるいは規範などは存在しない、とみなす。つまり、ケインズのように一般的規則を遵守しないことをもって背徳とよぶのならば、そしてプレイスウェイトの解釈が正しいとすれば、ムーアもまた、基本的には、背徳者だということになる。そして、もし道徳を帰結主義の枠内にとどめてよいのならば、ウルフがケインズに激しく抗議したように、ブルームズベリーは有徳者たちのクラブであったということになる。たとえばストレイチーのウルフ宛ての手紙には、「掉尾《ちょうび》の二章――まったく素晴らしい」とある。すなわち、『倫理学原理』の宗教の章にならんで、道徳の章も肯定されていたのである。しかしその場合の道徳とは、ヴィクトリア的な伝統を破壊するのに専念したストレイチーにいかにもふさわしく、〝観照〟と〝交わり〟の極大を帰結するように行為すべしということだったのである。

ケインズは、しかと意図していたわけではないが、帰結主義の道徳を越えようとしていた。ムーアが帰結主義をこえて「一般的規則に従う個人の義務」についても論じていることに、ケインズは注目していたのである。伝統主義的な方向における道徳あるいは常識の道徳に与しようとする要素が彼にはあった。すでにみたように、バークへの共感、ブルームズベリーの過剰な審美主義への反撥、戦争にたいする協力の姿勢などはそのことの反映と考えられる。彼に帰結主義の態度がなかったというのではない。むしろ、それが濃厚であったといってよろしいのである。実効ある経済政策の立案が彼の興味であったのだから、「われわれは、尤もらしい現在のなかに生きていて、行為の帰結にかんするゲームには手を染めていなかった」というのはケインズにはあてはまらない。しかしそれにもかかわらず、功利主義にたいする徹底した反逆は、思わず知らず、彼をしばる帰結主義の鎖を多少とも緩め、そして人間の必ず従わなければならない一般的規則に彼を近づけさせたのである。

今日、私は、ベンサム主義の伝統こそ、近代文明の内部をむしばみ、その現在の道徳的荒廃にたいして責めを負うべき蛆虫であると考えるものである。……世間一般の理想の本質を破壊しつつあったのは、経済的基準の過大評価にもとづくベンサム主義の功利計算であった。そのうえ、マルクス主義として知られる、ベンサム主義の極端な帰結の決定版からわれわれの仲間全体を守るうえで役立ったのは、われわれの哲学の至高の個人主義に加うるに……ベンサム主義からの脱却であった。〔7〕

この言辞は「若者たちの鼻をへし折る」ためのものだった、とベルもブレイスウェイトも考えている。しかし、そうとばかりいえないのではないか。ベンサムとマルクスの政治を特徴づける帰結主義が正しく批判されている、と私は思う。なるほどブレイスウェイトの指摘するように、経済的基準の過大評価を批判することは、必ずしも行為の帰結を第一義的に重んじることまでをも否定するものではない。経済的なもの以外の多種類の帰結を考慮せよ、という要求かもしれないからである。しかし多種多様な帰結にかんする快苦計算をなしうるほど、人間は合理的であろうか。そして、それらのあいだの正しい比重を提示しうるほど、人間は叡智に富んでいるのであろうか。ケインズは、まさに、それを疑ったのであり、そのとき、歴史を耐久して存続してきた法や規範などの一般的規則に頼らざるをえないと知るのである。彼の道徳的反省の核心は次の点にある、

要するに、われわれは原罪の教義、つまり、たいていの人間には気違いじみた、不合理な、邪悪さの源泉がある、という教義にかかわる一切の異説を拒否したのである。われわれは、文明というものがごく少数の人たちの人格と意思とによって築かれた、そして巧みに納得させられ、狡猾に保たれた規則や因襲によってのみ維持される、薄くて、頼りない外被であるということに気づいていなかった。われわれは伝統的な知恵だの、慣習の掣肘《せいちゅう》だのを、まったく尊重しなかった。……われわれが合理性を人間の本性に帰したために、判断ばかりか感情の、浅薄さを招いたのである。〔7〕

ケインズは自分たちの若き日々を反省してみせているが、ブルームズベリーとのひそやかな葛藤とそれからのじょじょの離脱が物語っているように、その反省は早くからはじまっていた

とみるべきである。「実際には、もちろん、少なくとも私にかんする限り、外部の世界を忘れたり、否定したりしたわけではない」のである。そして彼のように現実感覚のすぐれた人間が、ひとたび外部の世界と真剣にとりくむや、そこに常識の道徳を見出して当然である。むろん、彼の直面していたのはそのような道徳が音立てて崩れてゆく社会的動乱の過程であったから、彼は暢気な保守主義者ではおれなかった。彼の実際になしたことは、帰結主義の思想に導かれて、次から次と合理的計画を構想することであった。しかしなお、それらの計画が左右のユートピアとはっきりと区別されるようなものであるというところに、伝統、常識そして道徳への配慮を読みとることができるように思われる。ローレンスはケインズをいちばん嫌ったのだ、とガーネットは証言している。しかしそのローレンスが「ビレルとダンカン・グラントは永久に処置なしだ。ケインズについてはどうとも言えないが……」〔18〕といっている。なぜローレンスはケインズのことをいちばん処置なしの男だといわなかったのだろうか。もし、ケインズが単なる水蜘蛛でないことを察知してそういわなかったのだとしたら、さすが一流芸術家の直観である。ケインズはいっている、

私には、われわれの姿が、小川の表面を空気のように軽やかに楽々と優雅にかすめてすべっていき、その下の渦巻や流勢にふれることのない、アメンボウのようにみえる。〔7〕

『若き日の信条』は、実は、反省の文などではないのである。ケインズのいわば心的流れの水面下で渦巻いていた道徳感（moral sense）を表出してみせたものである。いや、もっと厳密にいえば、そこで渦巻いていたのは背徳と道徳との鬩《せめ》ぎ合いなのであり、ケインズはそれを赤裸に開示したのである。偽善と偽悪がそれぞれいくぶんかずつ混じっていると思われはするものの、それはやはり、正直な自己洞察の文である。

理想

ムーアの宗教は、一口でいうと、審美的理想を奉じるものである。ケインズはこの宗教を受容したのだろうか、それとも拒絶したのだろうか。これについての彼の数少ない言説をおってみると、表立ってはそれを受容しているようにみえる。だからこそ、たとえばD・E・モグリッジは、自分のケインズ論のしめくくりに、「彼は……ブルームズベリーの可能性がいっそう広く現実のものとなる世界を創造したいと願っていたのであって、そのために、彼は直観、知性、鋭い観察力そして最後に生涯を捧げたのであった」〔14〕と軽くいってのけることができるわけである。実際、次のような叙述を読ませられると、ケインズはほとんど幼稚な理想主義者のようにみえてこよう。

われわれは宗教と伝統的な徳にかんするもっとも確実な原則のうちのいくつかのものに向けて、自由に立戻ることができると私は思う。すなわち、貪欲は悪徳であるとか、高利の強要は不品行であり貨幣愛は忌み嫌うべきものであるとか、明日のことなど少しも気にかけないような人こそ徳と健全な英知の道をもっとも確実に歩む人であるとかいった原則にである。われわれはもう一度手段よりも目的を高く評価し、効用よりも善を選ぶことになる。われわれは、この時間この一日の高潔でじょうずな過ごし方を教示してくれることができる人、物事のなかに直接のよろこびを見出すことができる人、汗して働くことも紡ぐこともしない野の百合のような人を尊敬するようになる。〔6〕

これと類似の言明がケインズ全集のあちこちに散らばっているのであり、それらを集めると、E・A・G・ロビンソンのいうように「彼は……真底からの楽観主義者であり、そして真底からの理想主義者であった」〔13〕と断言できることになる。あるいは、せいぜいハロッドのように、「〔ケインズとの〕対話者は、生まれながらの楽天的気分に浸っている彼を発見するか、そうでなければ、当局者たちの重大な誤ちによってうけた衝撃に心を痛めている彼を発見したことであろう」と推測することになる。

　しかし、こうしたケインズ理解は少し通りがよすぎる、それではケインズの像があまりに平板になってしまう、彼の心理の微妙な襞がとらえられない。彼は、良くも悪くも、もっと屈折の多い人間なのであり、自分の宗教に疑念を抱くくらいの懐の深さが彼にはある。この深さを解読するのでなければ、彼の経済学とくにその政策論議の意味するところを十全に解釈することはできないはずなのである。楽観と悲観あるいは理想と現実はケインズにあってあやうく拮抗していたのだ、と私には思われる。両者のあいだに折合をつけようとするひたすらの営為こそがケインズなる人物の人格的特性のように思える。たとえば、先の引用部分につづけて、彼は自分の理想に水をさしている、

　しかし注意してほしい！　以上で語ったすべてのことが実現される時にはまだ至っていないのだ。われわれは、少くとも一〇〇年間、自分自身にたいしても、どの人にたいしても、公平なものは不正であり、不正なものは公平であると偽らなければならない。なぜならば、不正なものは有用であり、公平なものは有用でないからである。貪欲や高利や警戒心は、いまなおしばらくわれわれの神でなければならない。なぜならば、そのようなものだけが経済的必要というトンネルから、われわれを陽光のなかへと導いてくれることができるからであ

る。

最終章でふれるように、この叙述は不明確であるのみならず誤っている。しかしとりあえず、そこに、ホッブス主義者としてのケインズの一面を垣間見ることもできる。つまり短絡をおそれずにいえば、不正なものが有用であり、有用なものが公平であり、したがって不正なるものが神なのだ、とする透徹したリアリズムをみてとれる。もちろんのことだが、不正なるものの価値はいわゆる手段的価値に限定されているのであり、目標的価値はいぜんムーア的理想のなかにある、といいはれないわけではない。というより、それがケインズの公式の見解なのである。しかしその手段が、つまり不正にして邪悪なるものが、人間の本性にふかく根差しているのだとしたら、手段と目標を別けることにはたいして意味がない。制約条件が絶対的なものならば、目標もその条件の水準にすえおかれるにちがいないからである。

私がケインズに感じる魅力のひとつは、彼が人間本性のありうべき邪悪さ、あるいは危険さを分っているという点にある。これは経済学の辺りでは比較的に珍しいことで、大方はマーシャルのいった「暖かい心に冷たい頭脳」という理性的ヒューマニズムの建前をとっている。いってみれば、人間にかんする性善説をことさらの検討もなしにうけいれている。ケインズが、ハロッドにむかって、マーシャルのことを「ねえ君、彼はまったくばかげた人間だったよ」といったのは、師の偽善を嗅ぎとったからではないだろうか。人間本性が、時として邪悪な振舞におよびかねない、非合理性を有していることについて、ケインズは盲目ではなかった。人間の心が邪悪な冷気によって是非もなく凍らされる可能性に気づいたとき、彼の頭脳は、非合理の領域にまで踏みこむべく、熱く沸騰したのである。

自発的な、不合理な人間本性の噴出のうちのあるものには、われわれの図式主義とは無縁な、ある種の価値がありうる。邪悪な振舞とむすびついた感情のなかにさえ、価値を有するものがありうるのである。〔7〕

しかもこの発言は、ムーアの〝理想〟にたいする批判なのであるから、手段としての価値ではなく目標としての価値にかんするものである。彼自身の強調にもかかわらず、ケインズはムーアの忠実な徒ではなかった。ムーアは、さらには理想主義一般は、ケインズにとって「魅惑的で美しい喜劇にほかならない」のである。彼は純真にその魅力を称えはしたが、分別をもってその喜劇を嗤《わら》ったこともないではなかったのである。彼の心の片隅にホッブスが巣喰っていたということである。

金儲けと私有財産のための機会が存在することによって、人間の危険な諸性癖が比較的に無害な水路に導かれうるのであり、それらの諸性癖は、もしこの方法によって満足させることができないならば、個人的な権力や権威を無鉄砲に追求したり他の形で自己強化をはかったりするという残酷さのなかに、それらの捌け口を見出すかもしれないのである。〔4〕

ケインズが社会主義や福祉主義やのユートピアに親しまなかったのは、単にそれらの技術的可能性を信じられなかったからなのではない。人間の本性のうちにそれらのユートピアに抵触するものがあるのを、分っていたからである。たとえば『わが孫たちの経済的可能性』（一九三〇年）は、一〇〇年以内に経済問題が解決されるという（今から思えばばかげた）予言をしたせいで、ケインズの楽観主義を代表する文章と一般にみなされている。たしかにそうなのだが、そこにおいてすら、人間性への突き放した見方が示されている。いわゆる〝豊かな社会〟の到来にたいし、彼は「不安を禁じえない」のである、

当世風の言葉をつかえば、一般的な〝神経衰弱〟を予想せざるをえないのではないだろうか。われわれは、すでに私のいわんとするところを多少とも経験している。つまり、イギリスやアメリカの富裕な階級の妻たちのあいだ、すなわち不幸な婦人たちのあいだで、すでにあり

ふれたものとなっている神経衰弱がそれである。……自らの身を処するということは、特別の才能をもたない普通の人間にとって恐るべき問題である。とくに彼が伝統的な社会の習慣や愛すべきしきたりといった土壌に根をもっていないとすれば、なおさらそうである。世界のいかなる地域においても今日の富裕な階級の行動や業績から判断するに、前途はなんとも気の滅入るようなものだ！〔6〕

ここまで見通してしまった人間が将来を楽観してくれたとて、それはわれら愚者をむりやり鼓舞するための作為なのではないか、といいたくなる。ケインズの言動はあれこれの公共善を素朴に肯定しているようにみえるのであるが、同時に、人間がそれら公共善を実現するにふさわしい性質をもっているかどうかについて、つねになにほどかの懐疑を失うことがない。その点がいわゆる〝上流階級の社会主義〟とちがっている。

イギリスでは、公共善の理想にもとづく上からの改革運動がながい歴史をもっており、そこにおいて知識人は、公共善の内容を定めたり、そのための施策を講じたりする面で、枢要な役割をはたしてきた。この二〇〇年をとってみても、ベンサムの自由立法、ミルの平等立法、グリーンの社会立法、フェビアンの漸進立法、ビヴァリッジの福祉立法などを挙げることができる。おおまかにいえば、ケインズの景気対策および金融改革もその流れにのっていることは疑いえない。

ただケインズには、人類の名において語られる慈善を嫌うところがあった。それを端的に示しているのが、平等主義にたいする彼の姿勢である。一例として、社会保険制度の急進的改革を提案したビヴァリッジ報告についてみてみよう。ハロッドは「ビヴァリッジ報告の一般的な原理は彼〔ケインズ〕の見解に一致していた」といい、そしてケインズが最終段階でビヴァリッジ計画を縮小するよう干渉したのは単に財政上の制約によるにすぎぬとみている。しかし私はG・ハバーラーの見解に味方したい。つまり、

『一般理論』が現れた直後の、彼が自分の熱狂に押し流されていた数年においてさえ、敵意にみちた批判者との闘いのまっ最中には自分の急進的な追随者たちに慰めを与えるように思えることを言いはしたが、社会主義についてあるいはビヴァリッジの急進的提案のようなものについてすら、それらを容認するのに深入りしたことはけっしてなかった。〔13〕

第四章でより詳しく検討するように、ケインズは平等よりも自由を採るような人間であった。社会的公正に無関心ではなかったが、それを平等主義にまで固めるのには反対であったのである。自由とは、まずもって、個人にかかわる問題であるが、その個人のなかに、ケインズは合

理と非合理、安定と不安定あるいは善と悪の双方をみた。これら相克するものを媒介しようとしたのがケインズの生というものである。人間の両義性を正面から引受けるものの言動は、一般に、状況の文脈に依存して様々に色合を変える。彼の場合も、カメレオンといわれるほどに、そうであった。彼は一種のトリックスター、つまり〝さまざまな装いで出現し、いたずらや悪さを事とする非日常的な文化英雄〟だったのである。彼は、死の数年前、ニュートンのオカルト研究を調べて、次のようにしるしている、

私はニュートンがありきたりの人物像とは異なる人物であったと思っている。だからといって、彼の偉大さが減ずると考えるものではない。彼は一九世紀の人たちがつくりあげようとしていたのとは違って、もっと普通でなく、もっと並外れた人物であった。……ニュートンは理性の時代に属する最初の人ではなかった。彼は最後の魔術師であり、最後のバビロニア人であり、またシュメール人であり、一万年には少し足りない昔にわれわれの知的遺産を築きはじめた人たちと同じような眼で、可視的および知的な世界を眺めた最後の偉大な人間であった。〔7〕

ここにケインズの自画像が隠されている。つまりケインズは、「悪魔に唆《そその》かされて、神と自

然にかんするいっさいの秘密を純粋な精神の力によって極めることができると信じていたこの奇妙な精神——すなわち、コペルニクスとファウストゥスとを一身に兼ねるもの」と、大きさはともかくとして、形においては相同である。楽観主義者や理想主義者としてではなく、少なくとも経済学の分野においては飛び切りの、奇妙な人物として彼をとらえておくのが、ケインズ論の第一歩と思われる。

ハーヴェイ・ロード

ケインズが理想の実現をかるがるしく楽観して生きたのかどうかは、彼がハロッドのいう〝ハーヴェイ・ロードの既定観念〟に染まっていたか否かに、直接につながっている。つまり、イギリス帝国の着実な進歩は大衆にたいする、あるいは政府にたいする、知的貴族の説得によってもたらされたのだし、今後ともそうであろうとみなす既定観念に、ケムブリッジのハーヴェイ・ロード六番地のこの住人がとらわれていたのか、ということである。この問にたいする答えは、ケインズの活動の表層をみるかぎり、いうまでもなく然りである。その生い立ちにはじまって、ほとんど休みない経済政策の勧告そして芸術普及の奨励にいたるまでを振り返れば、彼はこの既定観念の上に安住していた選良主義者にほかならないようにみえる。

知的選良のよく考え抜かれた判断が社会あるいは国家の進路決定において尊重さるべしとする価値観を、ケインズはたしかにもっていた。その価値観が彼の個人主義的な態度を支えていた。いい換れば、彼の個人主義は知的選良の独立性と独創性を守るためのものであったのである。ハロッドによると、

「彼にとっては、政府関係者は低級な種類の人間であり、彼らの役割は本質的に従属的なものであった。政府が――たとえ一般投票によって選ばれたものであるにしても――社会のためにある価値判断を〔おそらくは事実判断をも〕行なうことをまかされていいものであるという考え方は、彼にとって呪わしいものであった。

実際、ケインズがブルームズベリーの楽しい会話に貢献したもののひとつは、ハロッドによると、「人々がいかにばかげた滑稽な振舞をしているかという話を豊富にもち帰ってきて、それをしばしば茶化し、ずうずうしく誇張して話す」ことだったのだが、彼の交友関係から察するに、主に政府の人々があげつらわれたに相違ない。彼は自分の所属する「教養あるブルジョアジー」の階級が、「いくぶん無教養な投票者大衆の頭上をはるかに抜きんでる」ような知性をもつと考えていたのである。

しかし、仮に彼の価値観が完全に選良主義的なものだと認めるとしても、問題はその現実的な根拠である。つまり第一に、知的貴族が役人や大衆を指導しうるに足る知的力量をもちうるかどうか、第二に、そうした力量がそなわったとして、知的貴族が役人や大衆を説得する政治的力量をもつかどうか、逆にいえば役人や大衆にその説得を受け容れる素地があるかどうか、ということである。私の思うに、ケインズはこれらの現実的な事柄についてそれほど楽観してはいなかった。ハーヴェイ・ロードの既定観念を疑ってもいた。その観念の指示する方向において彼が行動していたのは事実だが、それを楽天的に信じ込んでいたのではない。それはちょうど、神の存在について不可知論に到達していたヴィクトリア期の知識人たちが、それでもなおキリスト教の命じる規則に従って生活していたのと似ている。

知的貴族の政治力つまり説得力についてケインズが疑心を拭えなかったのは確かである。たとえば、全体主義あるいは計画主義を真向から批判したので有名な『隷従への道』の著者F・A・フォン・ハイエクへの手紙のなかで、ケインズは次のように認めている、

呪うべきは、計画を、その果実のゆえにではなく、あなたの考え〔自由の擁護〕とはまったく反対の考えをいだくがゆえに欲求し、神に奉仕するのではなく、悪魔に奉仕しようと欲しているといってさしつかえない人たちもまたかなり多く存在する、ということです。〔9〕

ケインズは、知的貴族の〝穏健な計画〟のための説得に多くの障害がまちかまえていることを知っていた。それは主として民主制の弊害によるものである。第四章でより詳しく検討することであるが、彼は、社会主義をはなはだしく嫌悪していたばかりでなく、民主主義一般についても疑惑の眼でみていた。たとえば次のようにいう、

今日の民主制においては、どの政党も同じように、この理解力に乏しい投票者たちの大群に依存せざるをえないのであり、またどの政党も、あなたがたの利益を助長するつもりだとか、あなたがたの熱情に沿うつもりであるというような月並みの説得方法によって、このような投票者たちから信頼を得られないかぎり、政権を握ることはできないのである。〔6〕

ケインズは、ハーヴェイ・ロードの既定観念がやすやすと通用するような社会ではないのだと、分っていたのである。「平凡な人間を褒めそやすというのは、これまでにも大衆を捉えてきた教義である」〔6〕のだが、この教義がもはや取り返しのきかぬまでに広く及んでしまった、と彼は考えていた。だからこそ、「もっとも今日では、われわれ少数の仲間たちばかりでなく、ほかのすべての人々にとっても、エドワード朝〔一九〇一～一九一〇年〕初期の時代のす

ばらしい成果であった完全な個人主義の下で、安穏に暮らすことはもうできないのであるが」〔7〕と慨嘆せざるをえなかったのである。

少し誇張していうと、ケインズにあって、知的貴族の説得力に絶望していたために、かえって説得活動に精力をそそいだという弁証法が成立している。少なくともそういう面が無視しえぬ程度にあるのであって、そこを強調すると、彼は彼の時代のひとつの風潮であるいわゆるアクティブ・ニヒリズムに傾斜していたということになる。元来、ブルームズベリーの陽気さの裏には、ヴァージニア・ウルフの小説がよく示してくれているように、憂鬱の気分がみなぎっていたのである。ハーヴェイ・ロードの既定観念がくずれ去ってゆく過程においてブルームズベリーが産まれ落ちたのであり、ケインズもその例外ではないように思われるのである。

このように、ケインズには知的貴族の政治的力量にかんして悲観するところがあった。他方その知的力量についていうと、その悲観の証拠を探すのは難しい。あるときは威風堂々と、またあるときは軽業師よろしく、難局にたいする解決策を発表するのに、彼は臆することが少なかった。社会の全体について、あるいは一個人の全体についてすら、知識人の知ることがいかに少ないかを知るという、いわばソクラテス的な〝無知の知〟を彼は蔑ろにしていた。そういわれて仕方ないような傾きが彼にはある。まさか、知的貴族が全知的になりうると思っていたわけではないのだが、あたかもその可能性を信じているかのように、彼は自信たっぷりに発言したのである。

しかし彼の知的尊大にも留保がつけられなければならない。そうした口吻は、多くの場合、経済論議をめぐってのものなのであるが、彼は経済学の役割を控え目にとらえていた。それはたかだか、人間生活の、目的にではなく、手段にかかわるものにすぎぬとされていたのである。このとらえ方に大きな難点があることについては第五章で検討するが、ともかく、彼にとっての経済は文明そのものではなく、文明の条件にすぎぬものである。ここから、経済問題についてのいささか自信過剰な物言いがうまれてくることになる。簡略にいえば、文明という精神の問題はいざ知らず、経済という物質の問題ならば比較的容易に専門的な処方箋が書けるだろうというわけである。たとえば、『わが孫たちの経済的可能性』は次の言葉でしめくくられている、

しかし何よりもまず、経済問題の重要度を過大に評価したり、経済問題において引受けられるいろいろな必要のために、もっと大きくより持続的な重要性をもったほかの諸問題を犠牲にしたりしてはならない。それ〔経済問題〕は、歯科医術と同じように、専門家たちの問題であるべきなのだ。経済学者が歯科医たちと同じ位置にとどまって、控えめで有能な人とみなされるようになることができたとすれば、それはなんとすばらしいことであろうか！〔6〕

またハロッドによると、死の前年、経済学者たちの集まったある晩餐会でケインズが演説したとき、祝杯をあげる段の言葉は次のようなものであったという、

私は諸君に乾杯をささげます。王立経済学会のために、経済学のために、ならびに文明の受託者ではなく、文明の可能性の受託者たる経済学者のために。

ここで文明の可能性というのは、文明を可能にするための条件という意味である。その条件の整備について信託をうけているのが経済学者だというのである。私ならば、経済は文明そのもの、もっと正確にいえば文明そのものの一側面だと考えたいし、したがって経済学者は歯科医のように技術や技能の専門家ではすまされぬものを抱え込むと思う。つまり文明の精神分析にもかかわりをもつのだと思う。そうだとすると、否応なく自己の精神分析を径由しなければならず、そのとき自己の知的限界を知る、すなわち〝無知の知〟にたどりつくことができるようになる。ケインズにはこの方向での理解が希薄であり、経済学を技術学の水準におしとどめている。そして技術的専門家として、多分に高みに立った託宣を下すのである。

このように断定するのは言過ぎかもしれない。ケインズは、他の経済学者と比してはるかに、経済学というものの複雑さを承知していた。そのため、第三章および第五章でみるように、

彼の経済学は工学的というよりも人文思想ふうに表現されている。それは、明らかに道徳科学の一種であって、いわゆるサイエンスではない。ただ彼は、物質的に豊かになることを文明の条件として無批判に肯定してかかったせいで、経済と道徳、習俗、慣習あるいはイデオロギーとの関係をきちんと解釈することを怠り、経済学を文明の可能性を保証するための政策技術に偏倚《へんい》させることになったのである。

しかしここで重要なのは、彼が経済学の分限を弁えていたということの方である。文明の直中にあって、自分の知的力量が狭いものであると彼は知っていた。そのような彼が、現実の経済はつねに政治や社会や文化やを引きずるものであるのに、なぜああまで大胆に現実に干渉できたのであるか。しかも自分の政治的力量の限界をも知っていたはずの彼がである。ハーヴェイ・ロードの既定観念が底抜けであると知ってしまった人間をして、その観念の素朴な受託者であるかのように振舞わせる動因がさぐられなければならないのである。

ケインズを〝生の哲学〟の実践者としてとらえてみてはどうだろうか。彼と同年生まれのオルテガにならっていえば、生とは「みずからを防御し、難破者となって世界の大海原を漕ぎすすんでいかねばならない、この人間という奇妙な存在のドラマ」である。そして、「われわれの生は、必然的に根本的に孤独であるが、われわれは、この孤独の深底から、それに劣らず根本的な共存と社会への憧憬のなかへ浮びあがる」のである。つまり、危険な未来へむけて展望をひらきつつ、自分が歴史につながれていることを理解しながら、理性の力と生命の力とを媒介してゆくのが生である。生は、その本来の姿において、活力ある生なのであり、より高次の要求を自分に課しつづけるという意味において貴族的な生である。それは、軽信に身をゆだねた盲目の行動（ビヘビアー）ではなく、不断に懐疑を保持しつつ、問題としての生に解答を与えつづけてゆく活動（アクション）である。

　ケインズにあって目立つのは、このような懐疑であり活動である。彼は、自分でいっているように、「どんなに陰鬱な最悪の事態にあっても、より若い世代のあずかり知らぬと思われる、ある種の強靭さをけっして失わないように育てられていた」〔7〕のである。彼は、自分のことを選良だと思っていたというよりも、選良としての生を自分に課したのだというべきであろう。ハーヴェイ・ロードの既定観念を信じていたのではない。その観念が必然的に招来するであろうドラマを、危機の時代の最中にあって、演じようとしたのである。彼の言論活動には過剰も不足もともどもあるのであるが、それにもかかわらず鮮明に印象づけられるのは、その生のスタイルである。要約すれば、懐疑にうらづけられた活力への絶え間ない意志である。彼はその意志を明文化したことは少ない。しかし、その人生の全貌を見渡したとき、ケインズは生の哲学を相当の純度をもって実践した人なのだ、といってよいように思われる。私は、次のようなさり気ない文句のなかにも、選良としてのドラマを演じようとするケインズの意志の片鱗をうかがってしまう。

人類の政治問題は次の三つの要素を結合することである――つまり経済的効率と社会的公正と個人的自由、この三つである。第一の経済的効率は批判的精神と警戒心と技術的知識を必要とする。第二の社会的公正には、普通の人間を愛するような、利己的ならざる情熱的精神が必要である。第三の個人的自由は、多様性と独立性という美点にたいして寛容で鷹揚な正しい理解を必要とし、何よりもまず、例外的な人間や高い望みを抱いている人間に、妨げられることのない機会を与える道を選ぶものである。〔6〕

もちろん、この文句をハーヴェイ・ロードの既定観念の現れとして読むことができないわけではない。しかし、それを次のような文句と重ねてみると、彼のいう政治が、ひいては彼のおこなった言論が、単なる選良主義者のものでないということがわかる。

疑念をもちつづける状態ほど苦痛な精神状態はない。しかし、それに堪える能力こそ政治家たる資格の現われであろう。〔9〕

哲学

　ケインズはその生涯においていく人かの錚々たる哲学者に出会った。ジョンソン、ムーアそしてブレイスウェイトとの接触についてはすでに言及したが、それだけではない。学生のころ、ホワイトヘッドの週三回の連続講義に、学期をつうじて、しかも唯ひとりで、出席しつづけたという。後年になってホワイトヘッドは、B・ラッセルとケインズとが彼の最良の教え子であったとしるしている。また、とくに『確率論』を執筆していた当時、ラッセルとケインズのあいだに親密な交流があったようである。さらにそのラッセルを介してL・ヴィトゲンシュタインと知合った。哲学の内容にというよりも、その名だたる異才と禁欲の風貌に魅せられてである。「ヴィトゲンシュタインはとてもすばらしい性格だ……そして並みはずれて気むずかしい。僕は彼といっしょにいるのが途方もなく好きだ」〔9〕と考えた彼は、第一次大戦後にヴィトゲンシュタインがケムブリッジに復帰するのに尽力したのをはじめとして、いわばその世話役を買ってでたのである。最後に、二六歳で夭折したF・ラムゼイには、ほぼ二世代のへだたりがあるにもかかわらず、確率論と経済学の双方にわたって、少くない啓発をうけたのである。
おそらくこのような交際の影響もあってのことであろうが、ケインズは、その語の本来の意味において、哲学者つまりフィロ・ソフォス（愛知者）の一面をもっている。したがって、シュムペーターの次の言は正鵠を射ている。

彼は経済学の純粋に知的な可能性についてはあまり高い評価をもってはいなかった。彼が高い標高の空気を吸おうと欲したときには、いつでも、われわれの〔経済学の〕純粋理論に向かおうとはしなかった。彼は哲学者的あるいは認識論者的なところのあるひとであった。〔15〕

とはいえ、彼の哲学的な著作はごく限られていて、学術的なものとして『確率論』を、そして評論風のものとして『若き日の信条』を挙げることができるだけである。むしろ、彼の哲学は様々の著述のそこかしこに散見される、あるいはそれら全体のスタイルとして現れている、といった方が適切であろう。もっと厳密にいうと、ケインズは自分の学問論を、その方向と位相についての大まかな自覚はあったのだが、一度も体系化することがなかった。つまり、事物の本性にかかわるオントロジー（存在論）、それを認識するための主体的な根拠にかかわるエピステモロジー（認識論）、そして認識を表現するための手立にかかわるメソドロジー（方法論）は、彼にあって、けっして明瞭とはいえない。ひょっとして、それらを不明瞭なままにしておくのが彼の学問的な戦略であったのかもしれぬが、そうだとしても、ケインズ論としては、彼のあえて隠した意図を明るみに出す必要があるのである。

まず彼が、その政策論議においてばかりでなく、哲学においてもブリテンの島国人であったことを確認しておかなければならない。つまり、オントロジー（存在論）としては直観を、エピステモロジー（認識論）としては経験を、そしてメソドロジー（方法論）としては帰納を最大限に重視していたのである。『確率論』の短い序文で彼は自己の立場を明らかにしている。

私がW・E・ジョンソン、G・E・ムーアおよびバートランド・ラッセルに、つまりケムブリッジに、大きく影響されていることは分っていただけよう。ケムブリッジは、ヨーロッパ大陸の著作家たちに負うところが多いとはいえ、依然としてロック、バークリーおよびヒューム、さらにミルとシジウィックといったイギリス的伝統を直接に受け継いでいる。彼らは、学説の相違にもかかわらず、事実の問題を優先させるという点で結びつけられており、そして自分たちの主題が創造的な想像力の分野というよりも科学の分野に属するのだと考えている。つまり、今なお理解されることを望んでいる散文作家たちなのである。

『確率論』は今では数理統計学の発達によって追い越されて、ほとんど言及されることのない書物のようであり、また容易に近づけない難解な書物でもある。しかし、そこに彼の人間社会をみる視点が定められていることは疑いない。この書の主限は帰納法の根底をさぐることにある。

簡単に説明すると、それは、直観的知識（既知の命題集合h）にもとづいて、部分的かつ合理的な信念（不確かな、しかしなにほどか信頼するに足る命題p）を正当化するための、論理的手続きを与えようとするものである。彼はいう、

われわれが、pにたいし、確信よりも低い度合の確からしさをもった合理的信念をもつことができるためには、われわれが命題集合のhを知り、かつまた、pとhのあいだの確率関係を主張する或る二次的な命題qを知ることが必要である。

残念ながら私には、永きにわたっている〝帰納法の身分〟にかんする論争にたいし、ケインズの貢献したものをきちんと評価する能力がない。とくに、彼の考える確率関係qは、通常の頻度説にもとづく客観確率ではないし、ラムゼイの提唱したような（いわゆる〝賭け指数〟ではか

られる）個人的な主観確率でもないところに、彼の意図したものの大きさと、それを理解することの困難とが横たわっている。ブレイスウェイトにならっていうと、ケインズの目論見は次の点にある、

疑いもなく、『確率論』を書くにあたってのケインズの主要な動機は、いかにしてある度合の信念が合理的なものでありうるかを、またそれが、単に信ずる者の心理的な作りごとの問題にすぎぬものではなく、同じような状況のもとであるならばあらゆる合理的人間が共有するだろうような信念でありうるかを、説明することにあった。〔12〕

どうやら、彼はその説明に十分な成功を収めたとはいえないようである。また、ラムゼイへの追悼文で自ら述べているように、「論理学は、抒情詩と同じように、中年男のやる仕事ではない」〔7〕と考えたからであろうか、帰納法というおそらくは泥沼の論題に正面から立向うことは二度となかった。しかし、そのぶんだけ思いは深く、彼は、終生、帰納法から離れることはなかったのである。直観と経験に適合しないような前提や論理は、どれほど学術的に洗練されたものであっても、彼の受け容れるところとはならなかった。逆に、直観と経験を参照しながら、信頼するに値する思考の前提的枠組をつくり、人々を納得させることのできるような表

現の論理的様式をさだめるのが、彼のやり方になった、ということができよう。

解釈

その学説および評論が結果として真に革命的あるいは反逆的なものをもたらしたのかどうかは別として、ケインズの姿勢は理論および思想の根元をねらうものであった。彼はそれらの基礎にある前提を解釈し直そうとしたのである。一般に公理、公準あるいは仮定とよばれている類の概念を、つまり範型化されてしまった思考において当然のこととして前提されている概念を、再検討し再定義しそして再分類したのである。今まで、ケインズ・モデルとやらの形式的特性にかんするいささか重箱の隅をつつくような議論によってぼかされてきたけれども、ケインズのなした最も重要な寄与は、既存の前提のうちに合意されていたものをイデオロギーとして暴露し、それに代替する解釈を示そうとする努力にあると思われる。ロビンソンによると、

ケインズは、彼自身にたいしても生徒たちにたいしても、われわれの議論の根底にある諸仮定を探し出すように強いた。私は、二〇年代はじめの〔政治経済学〕クラブのある集まりで、彼が次のようにいったのを覚えている。古典派の経済学者たちにかんする最も面白い研究は、

彼らがそれにもとづいて仕事をしている陰伏的な諸仮定を発見することであると。〔13〕

もし納得のゆく仮定に到達することができるならば、それからどんな命題が演繹されるかは、結局は形式論理あるいは数学の問題であり、それらはつまるところ同義反復あるいは恒等式に帰着する。もちろん演繹の作業は重要であり、しばしば困難でもあるのだが、納得のゆかぬ仮定から出発するような演繹作業は経験科学として虚である。というのは、ここで詳述する余裕は与えられていないものの、導かれた命題を統計などを使って経験的に検証もしくは反証する手続きが社会科学にあってはきわめて頼りないものでしかありえない、と考えられるからである。したがって理論と経験との結びつきは、まずもって、仮定の現実性に求められなければならない。ケインズがこのことを自覚的に追求したのは明らかである。ハロッドはこの点でケインズを正当に評価しており、私もそれに賛同できる、

ケインズ体系の本質は一組の新しい定義と再分類とにある、と論ずるのは正しい。彼はわれわれに、経済生活の多様な現象に目を注ぎ、それらをわれわれの心のなかで違った方法で整理するよう要求した。ある意味において、人々はひとつの方法が正しく他の方法が誤っていると独断的に断言することはできない。……各分類〔の是非〕は、諸事実をどのていど容易

に適合させることができるかということと、かく分類された諸事実を吟味する場合に人々がどのていど啓発されるかということとによって、判定されなければならない。

ここまではよいのだが、事実を適合させるとは何か、啓発されるとは何か、ということになると、ハロッドの見方はにわかに悪い意味でのプラグマティズムに陥る。また、ハロッドをしてそう見させるような要素がケインズのなかに少からずある。ハロッドはつづけていう、

人々は択一的な体系〔の是非〕をさまざまな問題や状態と関連させて使用することによってのみ判断することができる。ケインズの正しさがこれまで立派に立証されてきたばかりでなく、今後も依然その正しさが立証される――と私が確信する――のは、論理によってではなく、実際の使用と適用によってである。

「実際の使用と適用」における有効性によって理論なり思想なりの優劣を判定しようとする態度は、いまさら指摘するまでもなく、経済学のあたりに充満している。この実用主義的なあるいは社会工学的な態度はとくに政策論議において顕著になるのであって、ケインズの主要な関心が金融および財政の政策論にあったことを考えると、ハロッドのようなケインズ評が出て

くるのも当然ではある。そしてそれがほぼ定着したケインズ像となりおおせている。たとえばモグリッジはいう、

まず第一に指摘すべきは、ケインズの経済理論にたいする関心はほぼ完全に実際的なものだった、ということである。すなわち彼は、行動にたいする指南役として以外には、純粋理論には決して大きな興味を示したことがなかった。〔14〕

またシュムペーターもいくぶん批判的な角度からいっている、

ケインズの才気潑剌《さいきはつらつ》たる能力をほとんど独占していたものは政策の問題である。……アートのためのアートということは彼の科学的教義のなかにはどこにも含まれていなかった。……もし目的がそれを正当化するように思えるならば、彼はトーマス・マン卿のそれのような素朴な議論を用いることになんら反対しなかった。〔15〕

しかし本当にそうだろうか。目的によって、しかも実用的目的によって手段が正当化されるという近代のいわば技術主義的信仰に彼は身を委ねていたのだろうか。前章において私は、ケ

インズにおける帰結主義からの乖離として、それを疑ったのである。

いったい、新たな定義によって新たに分類されるべき〝事実〟とは何であるか。それが人間現象もしくは社会現象であるかぎり、つねに、価値、慣習、習俗、道徳などといった形で現れてくる象徴的意味によって装われたものである。したがって、〝前提を問い質す〟というケインズの基本姿勢は、必ずや、既存の先入見を理解あるいは解釈の俎上にのせるものである。つまり、事実なるものを成立たせている人々の象徴的な意味体系を解釈し直すものである。そしてその作業のなかには、経済学者たちの抱く先入見にみちた科学的な意味体系にかんする解釈も含まれるのである。それゆえ人々が、そして経済学者たちが、第一に〝啓発〟さるべきなのは自分たちの先入見の意味内容についてである。あえて対比させてみれば、社会工学的にみて有効な前提を新たに求めるのではなく、解釈学的にみて妥当な新たな理解を前提とした理論を求める、ということである。私は、たとえば次のようなケインズの言葉を、この後者の方向において読みたいわけである。

もし古典派経済学が誤っているとするならば、その誤謬は、理論的一貫性に著しく留意して構成された上部構造のうちに見出されるべきではなく、その諸前提が明確性と一般性とに欠けている点に見出されるべきである。〔4〕

私は、なにも、ケインズが経済における象徴的意味の解釈を前面に押し出したといいたいのではない。彼はその解釈を直観と経験にまかせてしまっているのであり、そして、彼の直観と経験はつまるところは経済学的の先入見に毒されたままでいる。経済学そのものを、良くも悪くも、一個の宗教もしくは神話と見立てて解釈し切ろうとはしていないのである。私はただ、彼が経済学に特有の〝モデル的思考〟からはっきりと距離をたもっていたということを指摘したいのである。彼はハロッドへの手紙でいっている、

経済学はモデルにそくして考える科学と現代世界に適合したモデルを選ぶ技術との結合したものです。……優れた経済学者は稀です。なぜなら、よいモデルを選ぶために〝注意深い観察〟をする能力は、高度に専門化された知的技術を必要とはしませんが、非常に稀なもののように見えるからです。〔14〕

ケインズにとっては、いかにすればよいモデルを選べるかということが重要だったのであって、モデルの操作は第二義的にすぎなかった。そしてモデル選択のための〝注意深い観察〟のなかには、価値や道徳やの主観的要素にかんする観察も含まれている。同じ手紙のなかで彼は

いう、

経済学は本質的に道徳科学であって、自然科学ではありません。すなわち、経済学は内省と価値判断を用いるのです。〔さらにハロッドへの後続の手紙で彼は言い添えている〕それに加えて、経済学は動機、期待、心理的不確実性を取り扱っている……。

ここまでくれば、ケインズが経済に込められている主観的意味の考察に向っていたことが、おおよそ明らかだといえよう。彼が政策的有効性をめぐるプラグマティックな姿勢をとりつづけたことは確かであるが、その有効性を確保するためにも、人間の経済行動の前提が解釈されていなければならぬのだということについて、彼は無関心ではおれなかった。また、人間行動がけっして自然科学的の客観的な機械運動なのではなく、様々の象徴的意味によって色づけされた主観的な行為なのだということについても、彼は関心を払わずにはおれなかったのである。

ケインズの解釈作業に独得なものがあったとすれば、それは、自分自身を時代の状況にさらしたということ、つまり実践的解釈の姿勢をとったということであろう。ここで実践というのは、あくまで言論行為にかかわることである。流動的に推移してゆく状況に言論戦をもって抗いながら、それをつうじて既存の理論や思想を、そして自己自身を再解釈するのが彼の流儀であった。

それはスカラリーつまり学者風のやり方というよりも、もし論弁が政治の本質であるとするなら、政治家のやり方である。この点で、H・ニコルソンの日記はケインズの本質をつかんでいる、

彼〔ケインズ〕の心は、議論のための議論に積極的に喜びを感ずるという特殊な型の傾向をもっています。戦争〔第一次大戦〕中に彼としばしば接触のあったわれわれの多くは、苦い経験をさせられて次のことを学びました。すなわち彼は、当座、自分が立証しようと努力する点だけを見て他を顧みない癖があって、きのうはそれとは非常にかけはなれた事柄を立証したという事実を考慮せずに、あすはまたきっと別の事柄を立証しようとするということです。彼はただ一点に焦点をあてて一連の議論を集中的に展開することができます。そのため彼は、他のすべての事柄がわずかの重要性しかもたないように、ほかの人たちに思わせることに成功します。そしてそれらの事柄がケインズ自身にとって副次的な重要性をさえもっているかどうか疑問です。

彼の意見は絶え間なき進歩の状態にあります。したがって、一見したところ変転きわまりない状態にあります。彼はパラドックスには決してひるみません。時々はパラドックスをそ

れ自体のために狙います。〔9〕

ドクサつまり臆説や偏見をこえてゆくのがパラドックスであり、そして創造的な言論行為はその中心にパラドックスをすえるものである。それが私のいう実践的解釈ということである。その当否または巧拙がいかほどであったかはともかくとして、ケインズは言葉に生きる人であった。彼は活力ある生としての言論行為にみずからをかりたてて已むことがなかったのである。あえて誇張すると、政策論議はそうした生の、いってみれば、偶々の題材であったにすぎぬ。

しかし、社会科学あるいは社会思想の分野においてパラドックスをもちこむのは、パラドックスそれ自身がつねにある種の冒険であるということ以上の、大きな冒険である。なぜなら、その分野は〝事実〟なるものを、つまり人々の意識のなかでなにほどか慣習あるいは常識となってしまった象徴的意味の集蔵体を、あつかうのだからである。事実とはドクサなのであり、それをパラドキシカルに再解釈しようとするところに、ケインズのかかえた困難がある。そしてその困難に対処すべく、彼は独自の言論のスタイルをもたねばならなかった。文章家としてのケインズが問題になるのはここにおいてである。

文章

ケインズの英語を的確に評価する力は、もとより、私にはない。多くの修飾語をもち、そしていくつもの読点でつながれた長めの文章が煩瑣とみえることもあれば、流麗と思えることもある。実際、彼の文章については賛否両論があるようである。たとえばハロッドによると、

彼は文章については生まれながらにして天賦の才をもっていた。彼は慎重な配慮をもって、文章をゆるがせにせず、それに磨きをかけ、広く理解されるような言葉そして人々の琴線にふれるような言葉で自分の考えを表現することに苦心したのである。

他方サミュエルソンによると、『一般理論』の表現は次のようなものだとされる。

それは拙劣に書かれ、貧弱に編制された本である。著者の以前の名声に欺かれてその本を買った素人は五シリングを騙しとられたのである。それは傲慢で、気難しく、論争的であり、そして謝辞においてあまり寛大ではない。それは乱雑と混乱にみちている。〔13〕

いずれの評価に味方するにせよ、ケインズが文章的表現に重要な役割をあてがっていた、こ

のことは認められなければならない。これは経済学の経緯を考えると格別のことである。周知のように、経済学の歴史は形式化の進展によって特徴づけられているのであり、数学的な人工言語が散文的な自然言語を次第に放逐してきている。ケインズはこの趨勢に自覚的にさからったのである。『確率論』にその証拠の一端をのぞけるように、ケインズの数学的能力には大概の数理経済学者をこえるものがあったにちがいない。そういう彼が経済学的の著作においてなぜああも少くしか数学を使わなかったのか、それはまだ説明されていない論点である。

結論からいうと、ケインズのめざしたのは散文的健全性であると私は思う。ドクサとパラドクサを適宜に配合しながら、状況の要請する課題に解答を与え、そして状況に新たな展望を拓こうとするとき、大なる可能性で数学は無効であると彼は判断していた。まして、彼の視界には道徳や習慣やといった象徴的意味の解釈が無視しえぬ程度におさめられている。そういう解釈にとって数学的思考の寄与しうるものは多くはない。仮に大きな寄与をなしうるとすれば、それは極めて抽象度の高い水準においてであって、現実的状況に帰還するにはやはり自然言語の助けがなければならない。

社会科学も社会思想もいわゆる科学的理性によって表現されうるものではない。社会を究極において成立たせているのは言葉であり、そして言葉の解釈にとってふさわしい理性は、オルテガいうところの物語的理性である。それは理性であるがゆえに論理性を追求するのであるが、自然言語のひとつひとつがつねに多義的であるために、たとえば詩的な想像力とか道徳的な共感とかいった、様々の感情的要素をも含むものである。ケインズはこうした事柄を哲学的に考えつめたわけではないけれども、主としてイギリス経験論の伝統をふまえる形で、よく了解していたのである。たとえばマルサスの『人口論』を評して彼はいっている。

この本には、思想の進歩に偉大な影響を及ぼしてきた書物に伍しうるだけの資格がある。それは深くイギリスにおける人文科学の伝統につらなるものである、――つまり、あのスコットランドおよびイギリスの思想にであって、この伝統には一八世紀から今日に至るまで、いってみれば、並々ならぬ感情の連続性があったと私は思う、この伝統こそ、ロック、ヒューム、アダム・スミス、ベイリー、ベンサム、ダーウィンおよびミルの名前によって連想させられるものであり、真理への愛ときわめて高邁な明快さにより、感傷ないしは形而上学的思弁にとらわれない散文的健全性により、またこの上ない公平無私と公共心とによって特色づけられている伝統にほかならない。〔7〕

ケインズ自身もこの伝統につらなろうとしたのは明らかである。散文的健全性あるいは物語的理性は、いわば文学的アートと数学的アートとの中間に位置している。それは、両方のアートから間接の影響をくみとりはするが、独自の表現様式をもっている。散文もフィクションの体系であるにはちがいないが、歴史的事実なるものの実在を疑い切ることができぬという自覚に立っているという意味において、そのフィクションは虚構というよりもむしろ仮構なのである。表現の客体としての社会と表現の主体としての散文とは、それぞれ、歴史的文脈において通底している。すなわち、社会的事実は慣習や制度によってつよく拘束されており、それに応じて社会科学や社会思想の散文のがわも、暗喩（文学）や形式（数学）の過剰をさしひかえて、いわば常識に依拠することになる。

このようなものとしての散文が説得的なものになるか、それとも退屈なものにおわるか、それはむろん表現者の能力による。ただ、散文的健全性とはより説得的たらんと努めはするものの、なにほどかの退屈をあえて厭わぬものといえよう。つまりそれは、いくぶん退屈な既成の事実に密着しつつ、その事実を多少とも脱常識的な位相にずらして説得的に解釈しようとするものである。イギリスの散文的伝統とはそうしたものであり、そしてケインズの文章もその系列につらなると考えられる。

こうした次第であるから、彼の文章は文学好きのものにはたいした感動を与えることはできないし、数学好きのものにはあまり理解されない。しかしそれはケインズが戦略的に選んだ表現法なのであった。文学と数学のそれぞれに造詣の浅くないケインズではあったが、社会のどまんなかに降り立とうとしたとき、頼りにできたのはやはり散文的健全さであった。文学や数学は散文的健全さのなかに巧みに織り込まれ、ひそかに潜伏させられたのである。この戦略がたいがいの経済学者には分りにくかった。たとえばロビンソンはいう、

ケインズの経済学的思考は、実のところ、直観的で、印象主義的で、そしてある意味では女性的なのであり、正確でないし、整理されてもいないし、細密でもない、と私はながいあいだ感じていた。〔13〕

なるほどその感は否めないが、それはケインズの意図的に採用した思考法であり表現法なのであった。このことにかんして少し面白い話がケインズとハロッドとによって書き残されている。ケインズによると、量子論で有名なマックス・プランクは「若いころ経済学を研究しようと思ったが、それはむずかしすぎた」〔7〕といい、他方ハロッドによると、ラッセルは「若いころ経済学を勉強しようと思ったが、それがあまりにもやさしいものであることを知った」と語ったそうである。ケインズにとってやさしいのは数理経済学であり、むずかしいのは経済の解釈であった。彼はいう、

プランク教授なら数理経済学の全構成をわずか数日で容易にマスターすることができたであろう。……しかし、最高の形での経済解釈にとって必要な論理と直観との融合、その大部分が正確とはいえないような事実についての広い知識などは、たしかに、その才能がすでに知られている比較的単純な事実の意味内容と先行条件を想像力とか高度の正確さによって究極まで追求する能力とかに主にあるような人々にとっては、圧倒的に困難なことである。〔7〕

この困難に対処するものとして散文的健全性があった。社会的事実なるものは、一般に、様々の要素あるいは様々の側面の複合体である。たとえばある一冊の書物をとってみても、資源の費消という点では経済であり、新しい学説の提示という点では文化であり、読者への説得という点では政治であり、学界の伝統的思考とのつながりという点では社会である。しかもこれらの要素が互いに分離されていることは少なく、経済をみるためにも他との依存関係を知らなければならない。健全な散文というのはこのトータリティにたいして網をかけるものである。つまりそれはなにほどかの総合的認識をはかるものなのである。師マーシャルにたいする次のような評価は、少なくともその姿勢の鮮明さにおいて、むしろケインズ自身にあてはまると考えられる。

経済学の研究には、なんらかの人並外れて高次な専門的資質が必要とされるようには見えない。それは知的見地からいって、哲学や純粋科学などのより高級な部門に比べると、はなはだ平易な学科ではあるまいか。それなのにすぐれた経済学者、いな有能な経済学者すら類まれな存在なのである。平易でしかもこれに抜きんでた人のきわめて乏しい学科！　こういうパラドックスの説明は、おそらく、経済学の大家はもろもろの資質のまれなる組合せを持ち合わせていなければならないということのうちに見出されるであろう。……彼はある程度まで数学者で歴史家で政治家で哲学者でなければならない。……人間の性質や制度のどんな部分も、まったく彼の関心の外にあってはならない。……こうした理想的な多面性の多くを、そのすべてではないが、マーシャルは具えていた。〔7〕

ところで、ケインズには人間社会の総合的認識へむけて舵をとらなければならないもうひとつ特別の理由があった。それは、一言でいえば、人間の時間意識の問題であり、それを契機とする動態的認識の問題である。もし社会が完全に静態的であるのならば、したがって未来が過去および現在の単なる反復であるのならば、総合的認識の必要はさほど大きくはない。なぜなら、認識対象が静的であるおかげで、いずれは、それを構成している諸要素あるいは諸側面が互いに分離されるにいたるだろうからである。またそうなれば、認識の仕方は、大なり小なり機械論的な様相を帯びるにちがいないから、散文的健全性に頼る度合も減小するであろう。総じていえば、人間が不確実な未来へむけて先鋭な時間意識をもちつつ行為するからこそ、説明《エクスプラネーション》ではなく理解《アンダスタンディング》が、科学的理性ではなく物語的理性が、科学ではなく解釈学《ハーマニューティックス》が要請されるのである。

経済学を道徳科学の分野におしとどめておこうとする試みのなかに、こうした認識的の事柄への志向がうかがわれるのである。つまり、不確実性に直面している人間の行為にいくぶんかでも安定を与えるべく、道徳が要求され、そして道徳をしっかりと把持するためには、時間意識のなかで不安定にゆれる行為への動機や未来への期待などを理解し解釈しなければならない。時間軸の前方へむかって展望がきりひらかれ、その展望にもとづいて後方の過去が喚び起こされる。その作業はヒストリーアつまり歴史《ヒストリー》であり物語《ストーリー》である。そのギリシャ的語義そのままに〝探究することによって知る〟のが物語的理性であり、それはとりもなおさず歴史的理性なのである。

歴史

ケインズは、動乱期にふさわしく、現在の瞬間に賭けて行為した人間だと思われてきた。「彼は本質的に瞬間に生きる人であった」とハロッドはあっさりいってのけているし、シュムペーターも「彼の人生哲学は本質的には短期の哲学であった」とみている。たしかに彼の言動は、その外観だけをみると、カメレオンのように意匠を変えながら刹那に燃焼しつづけたかのようである。彼自身、自分が（永遠の相の下に《サブ・スピーシー・エテルニターティス》）生きる人間ではないと断言してもいる。たとえば、マーシャルが体系的書物を書くために時事評論を避けたのを批判して、ケインズはいう、

経済学者たちは、四つ折判〔体系書〕の栄誉をひとりアダム・スミスだけにまかせなければならず、その日の出来事をつかみとり、パンフレットを風に吹きとばし、つねに時間の相の下に《サブ・スピーシー・テムポーリス》物を書いて、たとえ不朽の名声に達することがあるにしても、それは偶然によるのでなければならない。〔7〕

また彼は、あらゆる調整の完了した長期における仮想の定常状態ばかりにこだわりつづける経済学者たちに、次の有名な科白をあびせかける。

長期にみると、われわれはみな死んでしまう。嵐の最中にあって、経済学者たちのいえることが、ただ、嵐が過ぎ去れば波はまた静まるであろうということだけならば、彼らの仕事

は他愛なく無用である。〔3〕

このような種類の言説を拾い集めてくると、G・L・S・シャックルの次のようなケインズ評が正しいように思えてくる。

〔ケインズが関心をよせたのは〕、企業は賭博であるが、賭博者たちの胆力が萎えるということがありうるのであり、そのとき……テーブルからチップをひっさらって引上げようが、それは彼らの勝手であるということである。……ケインズの仕事は……人間というものが特別の次元にいる自然の女神なのであって、奇抜で、野心的で、落着きがなく、不安なものだ、ということを示すことにあった。〔16〕

ケインズはシャックルがいうところの万華鏡《カレイディックス》をつくったのだろうか。つまり、ひとつの部分に変化が生じると全体もまた一挙に変化してしまうような、不安定な体系を描いたのだろうか。もしそうなら、彼が刹那主義者であったという話も肯けるところである。そしてそんな彼は、理性に導かれて静穏と豊饒のなかで安らごうとしていたヴィクトリア的楽観主義にたいする、まぎれもない反逆者であろう。歴史的展望をもたぬ人間たち、社会的位階からときはなされた人間たち、たしかに、ケインズの眼前にはそうした大衆たちが巨大な塊となって登場していた。オルテガ流にいえば〝もはや近代ではなく、すでに二〇世紀〟なのであった。現代大衆社会の到来につれて、知識人たちもまた、自然主義や実証主義や理性主義やといった安定した知の体系に甘んじていることはできず、知識そのものが自らの生の躍動とふかく相関していることを知らざるをえない。ケインズの〝時間の相の下に〟知的に生きんとする姿勢は、ふたたびオルテガの表現をかりれば、いわゆる生的理性《ヴァイタル・リーズン》に属する。

人間の生は不確実性にとりかこまれている。そのような生は、個人の心理においても社会の機構においても、一般に不均衡をもたらさずにはいない。それればかりか、不確実性に挑戦する、もしくは圧倒される人間の生は、その根底において非合理性をはらんでいる。つまり、いまだ理性的に説明されざる様々の衝動を、因襲や幻想やの形で、ともなっている。そしてこのようなものとしての人間は、自立した個人として原子的に孤立しているのではけっしてなく、様々の制度によって非個人化されている。不確実性、不均衡性、非合理性そして非個人性によって彩られた大衆の生、ケインズのみたのはそれであった。そのような状況は、既存の経済学に典型化されているような、決定論的で均衡論的で合理論的で原子論的な見方にはなじまない。最終章でもう少し詳しく検討するように、ケインズはこの種の旧態の見方、というより今なお経済学を呪縛している見方にたいし対決したのである。

その知的闘いにおける中心的な論争点は、くり返していうと、時間意識の問題にあった。ケインズが一九歳のときに時間についての小論を発表していたことが思い出される。その後、彼の時間論が哲学的に深められた形跡はないし、フッサールやベルグソンの著作に接したとも思われないが、それは彼の思考における暗黙の前提でありつづけたといえるだろう。大雑把にいえば、時間意識は不可逆な変化を意識するところからはじまる。アウグスティヌスの言をまつまでもなく、人間の現在は、いまだ存在しない未来への期待によって方向づけられ、そしてもうすでに存在しない過去への記憶によって制約された、意志であり決断であり活動である。ケインズはそのことをよく知っていた。つまり彼は、時間論を媒介にして、経済学に期待や記憶という主観的の要因をもちこんだのである。そういう要因が旧来の経済学を特徴づけてきた物理主義的のやり方で説明されるはずがないのである。

〝主観的〟というのは必ずしも、個人的、ということにはつながらない。共同主観、間主観、そのほかなんとよんでもよいのだが、人間の主観世界は社会的であること、そして歴史的であることを免れない。期待といい記憶といい、それらは他者となにほどか共有する主観、そして歴史のなかでなにほどか堆積されてきた主観にもとづいて形成されるものである。この点に注目すれば、生的理性とは歴史的理性のことにほかならず、それゆえ物語的理性によって表現されることが可能になるわけである。したがって、J・ロビンソンの次のような指摘はケインズの本質を射当てたものといえよう。

理論の平面では、〔ケインズ〕革命は、均衡という考えから歴史という考えへの変化、合理的選択の原理から推量や慣習に依拠した決定の問題への変化という点にあった。……いったん、経済が時間のなかにあり、歴史が不可逆な過去から未知の未来へむかって一方向的に進むものなのだということを認めるや、空間を左右に揺れ動く振子という力学的類推にもとづく均衡概念は維持しがたいものとなる。〔12〕

このように歴史の問題にとりくんだケインズが、なぜ、〝瞬間に生きる人〟とか〝短期の哲学者〟とかいわれなければならないのか。私自身についていえば、ケインズはいわれているほど短期の視野に拘泥していなかったと考えるものであるが、それでもやはり、ケインズの〝時間の相〟が〝瞬時の相〟に縮退する傾きがあったことは否定できない。それにはおおよそ三つの理由が考えられる。

第一の理由は、その生きた時代の特殊性のために、彼は歴史的伝統というものの脆さをつよく感じていたということである。もちろん人間は社会的因習から自由になることなどはできないのであるが、その因習じたいが、たとえば流行といったような形で、気まぐれに変動しがち

なのだと彼は考えていた。彼はいう、

われわれは、個人の判断が〔未来の大きな不確実性のために〕無意味だと知ると、たぶん、より情報をもっていると思われる外界の判断に依存しようと努力する。すなわち、われわれは大多数あるいは平均的な行動に合わせようと努力する。他人を模倣しようとする諸個人からなる社会の心理は、言葉の厳密な意味での因習的《トラディショナル》〔移転される〕判断に導かれる……。そのような気まぐれな基礎の上にたっているので、それは突然の激しい変化に従う。平穏と不動、確実と安全の慣行がとつぜん崩れ落ちる。新しい恐怖と希望が前触れなしに人間行動を律する。幻滅という力が、新しい評価の因習的基礎をとつぜん設定するかもしれない。〔12〕

ふたつの大戦にぶつかったケインズの世代にとっては、歴史のなかで培われた慣行の多くが音立てて崩壊してゆくというのが日常的の感覚であったろう。そこで人々の視野は近視眼的となり、彼らは万華鏡のように変化の絶え間ない世界を現出させることになろう。ケインズは、疑いもなく、古典派の経済学あるいはヴィクトリア期の思想との対比において、変化の状態そして変化の意識を強調したのである。

しかし、万華鏡といえどもそれ自身の固定した枠組をもっているように、慣行のまったくない社会など想像すべくもない。どんな変化もなんらかの秩序との相対において規定されるものであろう。たとえば自由主義の体制そのものとか、そこで堆積されてきた様々の根幹的な慣行とかは、ケインズの思考にとってむしろ前提であった。最終章でみるように、ケインズの見方はおおよそつねに二面的なのであって、慣行についての維持と攪乱がともに考慮されているのである。制度およびそこにおける行動の不変性と可変性を両方ながら考慮するのがケインズの構えであった。彼以前の静態的均衡がかもしだす〝永遠の相〟に反撥するのあまり、万華鏡のごとき瞬時の変化に力点をおきすぎた感はあるものの、定型化された制度や行動のもつ粘着力もまた彼にあって重要な論点であった。歴史的時間における不可逆の変化を強調するからといって、歴史によってもたらされる恒常性あるいは歴史のもつ持続性を頭から否定してかかろうとしたわけではないのである。動乱の時代にあって彼は、歴史の停滞を信じなかったと同じくらい、歴史に不連続性が起こりうるとする仮説を疑っていた。彼の価値論、彼の帰納法、彼の解釈学そして彼の文章作法のすべてが、社会的因習における硬直性と浮動性をともに包摂するためのものであった。そして次章でのべるように、この両面的な構えがあったればこそ、彼は保守党や労働党ではなく、自由党に近づいたのである。

ケインズをして〝瞬時の相の下に〟おかせる第二の理由は、彼における決断主義的の態度である。人間の生は希望もしくは幻想によってつかさどられる自由な決断の連鎖である。ケインズにとって、歴史とは決定論的な因果関係のことでは断じてない。それは、未来への展望と決断への意欲の下に能動的に喚起された記憶の系列によって構成された、主観的な物語なのである。そして物語作者としての人間は、現在の一瞬において決断を炸裂させることをつうじ、その物語に新たな転回をうながす。ケインズがこの種の哲学をきちんと展開しているわけではないのだが、彼の人生の全行程が、とくに人間のいわゆる活気《アニマル・スピリット》にたいする一貫した関心が、彼に決断主義者の相貌を与えるのである。C・ウィルソンの次のような回顧は、現在における決断にむけて自分の理論と思想と気分のすべてを動員しようとするケインズの姿をよく表している、

チャールズ・ライル・フェイは……献身的な歴史家だった。……経済行為のルールの例外、歴史的特殊性、はなやかな秘史……フェイにとってはこうしたものが歴史の素材だった。社会科学者ケインズは物事をいささか異なる角度からみた。彼はつねに歴史のなかに現在の予兆を探し、現在の問題の鏡をみつけようとした。「ケインズの野郎は」とフェイはかつて私に怒りをぶちまけたことがある、「まるで歴史というものを信じなかった。彼は自分自身の目的のために歴史の一部を使いたかっただけなんだ。」〔12〕

ケインズが自分の論旨を説得的にするための単なる便宜として歴史的材料を用いたことは否定しえぬところであろう。しかし同時に、いわばセンスの問題としていえば、その伝記作家としての業績や諸々の古典的作品への強い愛好に如実に示されているように、歴史的なるものにたいする彼の執着が並の水準をこえていたことも認めなければならない。ここで私は、決断主義者としてのケインズがいわば主観的に構成された歴史を念頭においていたということを強調したいのである。わかりやすくいうと、時々刻々の決断をなしつづけるためには、未来への予期の下に理性と感性をともに総動員して、あれこれの歴史的素材を一個の腑に落ちる物語にまで結実させなければならない。生的理性が歴史的理性でもあるということの意味は、まさに歴史を構成する営みのなかに生の決断があるということなのである。彼が瞬時の相の下に生きたようにみえるのは、決断的な行為のうちに歴史をとりこんだからなのであって、歴史を無視したせいではないと思われる。

ケインズに瞬時の相をとらせる第三の理由は、彼がおそらくいくぶんなりとも厳密な経済学の論理は短期の次元においてしか成り立たないと考えていたという点である。ケインズ・モデルを動学化するのがポスト・ケインズの流行となったのであるが、私はむしろ、動学的な論理化を禁欲したところに彼の知的誠実があると思う。J・ロビンソンのいうように、ケインズは人間の経済行動を「推量と慣習」にもとづかせたのだが、推量と慣習が長期的にどのように変化してゆくか、そんなことを科学的に説明するのは不可能である。それを可能だとするのが歴史的決定論の誤謬であろうが、彼はその種の誤謬からは自由であった。というより、期待と記憶という主観的要因に焦点を合わせることによって、ながいあいだ経済学を支配してきた決定論的な思想を一掃しようとしたのであった。

ケインズが短期分析に自己限定したのは当座の緊急の失業問題を解決するためという実際的要請によるのだ、としばしばいわれてきた。彼の気持としてはそうだったかもしれない。しかしあえていい切れば、彼の論理的枠組からは長期分析はでてこないのである。少くとも短期分析と同等の現実性をもつような長期分析はでてこない。思考実験としてあれこれの長期モデルを考案することは許されようが、それらは経験的命題というよりも形式的命題に近いものである。

この点に限ってみると、J・ロビンソンはケインズの課した自己限定をよく理解していた。彼女はケインズの動学化にいちはやく手を染めた人にはちがいないが、彼女の示す動学的径路はあくまで仮想的《イマジナリー》なものである。つまり、人々の推量と慣習が一定の型をとって変化する場合を、まったく仮に、いくつか想定してみたのである。彼女はそれらに黄金時代とか銀時代とかプラチナ時代とかいった非現実的の呼称を与えたのであり、そして現実の動学的径路はそれらのあいだを不確定に動くのだとするところまでで分析をとどめたわけである。

未来への期待とその変化は、あきらかに、経済の体系を動学化する契機である。しかし期待という要素は、それ自身の将来の姿が未知であるからこそ、期待なのである。未来の危険のうち確率的に計測できる部分もあるであろうが、信頼できる情報が不足しているために生じる危険もある。こうした危険に直面した人間が、なおも未来へつきすすむべく、期待を形成するのである。それは、けっして主知的に解明し切ることのできない、主意の発動である。動学的分析を拒む動学的要素、それが期待というものであろう。ケインズはいう、

典型的な自然科学とちがって、経済学の適用される素材は、あまりにも多くの側面において、時間的に同質なものではない……。……われわれは、素材を不変で同質的なものとして取り扱うことのないように、たえず用心しなければなりません。このことは、いってみれば、りんごが地面に落ちる場合、それが、あたかも、りんごのもつ動機に依存したり、りんごが地面に落ちることが価値あることかどうかとか地面の方がりんごの落ちるのを望んでいるかどうかとかに依存したり、地球の中心からの距離についてのりんごの誤算に依存したりするようなものなのです。〔14〕

期待についての詳細は最終章にまわすが、ここで確認しておきたいのは、不断の可変性によっ

て特徴づけられる人間社会を、"科学的"に分析することをケインズが断念しているということである。彼は、現在もしくは短期におけるいくぶん確かな現象についてのみ、擬似科学的の分析をほどこしうるにすぎないと考えていたに相違ない。このように、科学という基準からいえば、ケインズはたしかに〝瞬時の相の下に〟いたといえる。

しかし、解釈という基準からいえば、彼は歴史的展望という長期の問題についてもそれなりに考察していたのである。だいたいが、イギリス経験論の流れに沿おうとする人間が歴史的展望をすてるはずがない。ただ彼は、その展望を自然科学的という意味でのモデル的思考によって扱えるとは、とうぜんにも、考えなかった。長期の問題にかんする歴史的展望は、モデルの諸前提にたいする散文的解釈として、または遠い未来あるいは過去のヴィジョンにたいする文明論的論評として表わすほかないと考えていた。彼がはっきりとそう考えていたかどうかは別として、彼の著作は全体としてそのように読まれるべきものと思われる。

結論的には、ケインズの〝時間の相〟には短期も長期もふくまれていたといってよい。彼の時間は、経済学の純粋理論で想定されるような論理的時間ではない。つまり、可逆的変化を許容するような、さらには、無限小の単位時間を虚構することによって一週を無限大の期間とみなすような、つまりは人間の生活時間と無縁なような、時間ではない。しかし、彼の時間はJ・ロビンソンのいうような意味での歴史的時間でもない。つまり、個々人の主観とかかわりのない暦の上の時間ではない。彼の時間は、人間の主意的な行為の過程で記憶され予期される主観的の時間だといった方が適切である。そして彼の歴史もまた、そのような主観的な時間軸の上で構成される主観的の物語にほかならないのではないだろうか。このように考えてはじめて、時間意識が生的理性となり、そして生的理性が歴史的理性となるということがわかる。

ケインズは、社会科学上の認識にとっておそらく決定的に重要なこうした論点を明示的に説明せずに、それを期待という一語によってくくってしまったのである。たぶん彼には、自分の時間意識、生意識そして歴史意識が時代精神にかなっているという自負があったであろう。しかし彼以後の経済学にとって、期待という動学的概念はパンドーラーの筐《はこ》となってしまった。つまりそこから客観主義的のモデルによって表現されるような偽りの動学的分析が横行しはじめ、期待概念の〝希望〟ともいうべき主観的因子は最後まで筐の中に残された。そして最近時において現れている合理的期待形成なる考え方は、第五章でみるように期待の本質を抜きとってしまうものであり、それはちょうどパンドーラーが、筐からたくさんの災厄がとびでてきたのにあわてて、筐の蓋をしめたのに似ている。かくして、帰納、解釈、文章そして時間などにおよぶケインズの学問論はむなしく忘れ去られようとしているわけである。

第四章　政治論

活動的生

ケインズの言論は、そのほとんどが、政策の現場において生み出されている。すでに指摘したように、このことは必ずしも彼が社会工学的な思考に親しんだということを意味しない。それにもかかわらず、ケインズは政論家に分類されて当然の人物である。講和について、金本位について、物価安定について、利子率引下げについて、そして国際通貨制度についてというように、彼はいつも政治の最前線の一翼にいたのである。

ケインズが政治に深入りしたことにたいし今でも賛否両論がよせられている。経済学との関係でいうと、ポリティカル・エコノミーの伝統にたつ人々は、ケインズの政治過程への介入を肯定的に評価するし、逆に、エコノミックスという形で学術の純粋を守ろうとする人々はそれにたいし否定的である。また自由思想との関係では、政策の肥大化によってもたらされる大きな政府が、自由の実質的内容を保証するためには已むないと思う人々と、それは自由への脅威にほかならぬと考える人々とがいる。いずれのがわに与するにせよ、ケインズが政治の問題をどのようにとらえていたのかが明らかにされなければならない。

最初に、彼の政治にたいする参画の度合を正しく判定するために、その政治的資質を問うておこう。第一章でもふれたように、ケインズの政治性については互いに正反対の見解が出されている。たとえばシュムペーターはいう、

ケインズとかって一度でも話したひとで、彼が最も非政治的な型の人物であるのを発見できなかったようなものはひとりもいない。……論争にかんしてはまったく稀にみる天賦の才をもち、戦術的価値についても鋭い感覚を有しながら、彼は政界の誘惑――それがイギリスほど強い国はどこにもない――という魅力にたいしては無感覚であったようにみえる。〔15〕

他方で、たとえばE・S・ジョンソンはいう、

そもそもケインズは天性の政治家であった。……何度も、三党〔保守、自由および労働〕のすべてから候補に立つよう勧誘されたが、彼は背後の方でいっそう強力な専門家ないし顧問の役割をはたすことの方を好んだ。しかし実は、彼は政治家の特徴をゆたかに備えていたの

であって、それが彼の助言に影響を与えなかったとは考えられないのである。〔11〕

おそらく、両者はケインズの異なった側面をみているにすぎないのであろう。彼は活力にみちた言論そのものを政治的実践とみなしていたのであって、それは現実の政治と衝突することもあれば協働することもある。言論が主として知識人のものであるということについてだけこだわれば、次のようなジョンソンの評価が正しいように思えるかもしれない、

わたしのみるところケインズは政治家であった。しかし彼の支持者は選挙人ではなくて知識人である。政治家であるために、ケインズは科学者でなくてはならなかった。……彼は科学的政治的経済学者であった。〝科学的〟と〝政治的〟のいずれの形容詞を強調するかは、書こうとするものが彼の伝記であるのか〔そのときには政治的〕、それとも経済学説史なのか〔そのときには科学的〕によって決まってくる。〔11〕

しかし、これはケインズの本質を衝く評価ではない。彼にあって独得なのは、人間の精神的活動を生的躍動の一種とみなし、そしてそれがつねに他者との共存および敵対の関係のなかにおかれているのだとみなす態度である。つまり、知識と実践とがあるいは科学と政治とが互い

に重畳されているのだという自覚、これが彼を時代の前線に駆り立てたのである。私がケインズのことを生来の政治家と思うのはこの意味においてである。

彼において科学と政治の相互浸透をきわだたせるに到らせた要因は何であろうか。大方の意見は、たとえばハロッドにみられるように、「彼は生まれながらにして進歩主義者であり改革主義者であった」という点を強調する。たしかにその生涯を概観すれば、彼は、進歩的改革のために科学的成果を政治的実行に移そうと努力しつづけたのだということになろう。たとえば、H・G・ウェルズの『ウィリアム・クリソルドの世界』を書評してケインズはいっている、

> われわれの環境は、われわれ自身よりはるかに速く変化をとげているのだ。われわれ〔乗客〕の頭が客室の壁にぶつかっているというわけである。強引につき進まないならば、われわれ往来〔の混雑〕によって踏みつぶされてしまうことになる。保守主義は自殺も同然である。わが恐竜どもにわざわいあれ！〔6〕、

こうした類の言動は彼の著作に数多《あまた》ちらばっており、そこから進歩と改革に奔走するケインズ像がつくられる。しかし留意しておくべきと思われるのは、彼が、通常の進歩主義者や改革主義者のように、ヒューマニスティックな価値観によって自らの言動を飾りたてはいないと

いう点である。そうなったひとつの原因は、ジョンソンにいわせれば、その「隔離された環境」にある。つまりケインズは、イギリスという島国に、しかもそのうちの知的貴族という階級のうちに、閉塞していた悪しき選良主義者だということである。彼女はいう、

労働者階級の生活がどのようなものであるかについては、彼〔ケインズ〕はまったく想像もできないのであった。……彼は弱者の立場に同情をもっていたが、その問題についてはまるで分っていないのだった。彼が労働者を知るのは召使いとしてであった。〔11〕

実際、ケインズには虐げられた人々への理解や同情が欠如していた。それを示す好例と思われるのは、次のようなユダヤ人についての発言であろうか。アインシュタインについての好感をしるしたある短文の末尾で、彼は次のようにいっている。一九二六年に書かれ、そして生前には発表されなかったこの文章にたいし、ケインズ全集の編者は、「ヒトラーが……ユダヤ人の迫害を始めたとき、ケインズはユダヤ人亡命者の救援活動において最も積極的な人々のうちの一人であったことを想起しなければならない」とわざわざ注をつけているが、それでも、隔離された環境というものがどんな精神の性癖をうみだすかの見本といえよう。

もし私がそこ〔ベルリン〕に住んでいたなら、反ユダヤ主義者になったかもしれないような気がした。というのは、かわいそうにプロシャ人は、〔アインシュタインのように面白い〕小悪魔とは別の種類のユダヤ人、つまり、小さな角や松脂の熊手や油じみた尻尾をもった悪魔につかえているユダヤ人にたいしては、一人立ちするにはあまりにのろまで不器用だからである。そのようにして、ひとつの文明世界が、金と力と頭脳のすべてを握る不潔なユダヤ人の醜い手によって、顎で使われているのをみるのは、愉快なものではない。〔7〕

このような表現をケインズの素直さの現れと解釈することが不可能ではないにしても、そこには高慢と偏見が、半ば無意識のかたちで、まじっていることも認めなければなるまい。いずれにせよケインズは、あけすけのヒューマニストとして振舞うには少々傲慢でありすぎたようだ。

しかし、ケインズは単なる進歩主義者ではない、単なる改革主義者でもない、と私が思うのはほかの理由のためである。それは、すでに言及したことではあるが、彼の活動主義もしくは決断主義とかかわる問題であり、その問題はケインズにおける政治の位置づけという論点と直につながるものである。たとえば、「保守主義は自殺も同然である」と彼がいう場合、進歩や改革が等閑視されるのを批判するのとはいささか調子を異にしている。先の引用文につづけて

彼はいっている、

この現代人〔クリソルド〕の所有する精神は、時代につれて変ってゆくような活動的経歴をともなっているのであるが、彼にとって、じっとしていることはその習慣と生活の流儀からいってなんと退屈なことであろう！……無意味となった社会的な歪みや喜びをもう与えることのないありきたりの娯楽やをくり返すのは、なんと退屈なことだろう。

ここに端無くも露呈されているのは、活動それ自体への賛美と不活動それ自体への嫌悪である。なにか至高の公共善のためにあれこれの改革案が模索されたり実行されたりするのではない。諸個人の独創をくみとりつつ、それらを共同のプログラムに結実させていく過程そのもののために、現状の改革が企てられるのである。むろんのことだが、その過程が激しければ激しいほど、つまり革命的であればあるほど良いというのではない。人間の活動的生は、前章でのべたような意味において、つねに歴史的連続のなかにしかないものだからである。また、その過程において真善美にかんする至高のものがまったく追求されないというのでもない。人間の活動的生はそうした象徴世界の完成めざして方向づけられるものだからである。ただ真に活動的な生はそうした究極の価値を、人類愛とか国際平和とかいった美名の下に、前提してかかるようなことはしない。むしろそれは、究極的に依拠しうる価値を探し求める過程、そしてそれに必要な条件がどれほど欠落しているかを認識する過程なのである。

ケインズはこうした活動的生の意義をおおよそ理解していたのだと思わざるをえない。そして、それが言論的政治の形をとって遂行される過程であるとも承知していたのだと考えられる。彼の為したことの結果だけをみれば、それは、民主的政府の手による一連の漸進的改革のための計画ということであるから、民主主義者、改革主義者あるいは計画主義者といったレッテルがケインズにふさわしいもののようにみえてくる。また、それらの計画から実効ある帰結を引出すには国家、官僚、政党あるいは軍隊といった既存の機構を活用しなければならないから、そこで愛国主義、国家主義者あるいは集団主義者といったような形象がケインズに多少ともつきまとうように思われてしまう。

しかし以下でみるように、ケインズの言説に分け入ってみれば、社会計画も国家機構も、個人の活動的生との相関においてとらえられていたのだということがわかる。少なくとも、そうかもしれぬという仮説について考えてみる必要があるということがわかる。したがってH・ジョンソンの次のようなケインズ評には、つまりここ一〇年ばかりますます勢いづいてきている反ケインズの思潮には、少なからぬ誤謬がふくまれていると私は思う。

ケインズ革命の一時的栄光は長い目でみればイギリスにとって高くついた、という結論を避けるのはむずかしい。すなわちそれは、経済学における科学的業績の基準を堕落させた点でそうであるばかりではない。十分な経済学的英知をもってすれば、経済政策は経済学の法則をのりこえることができる……という政治過程にたいする信仰に耽ることを助長した点でも、それは非常に高くついた。〔11〕

これではまるで、ケインズが社会主義者であり、彼の学説が統制の技術学ででもあるかのようである。彼のエピゴーネンたちの一部がそうした傾向をもったことは事実であるし、その責の一半がケインズ自身にあったことも否定できない。しかしそうであればなおさら、ケインズの全貌が示されなければなるまい。それが明らかになれば、ひょっとして、彼の個人的性格の最大の汚点ともいうべき傲慢さについても、いくらか割引いておかなければならない、ということになるかもしれないのである。

計画

ケインズは市場の自動的調整機能にたいし疑心を表明した。私的利益の追求と公共善の実現とが両立するのだという考えは、その最も過激な形態において、いわゆる自由放任《レッセ・フェール》の主張となる。その主張を支えているのは、自由競争をつうじて適者生存がもたらされ、その淘汰の過程において最大多数の最大幸福が達成されるとする固定観念である。この種のイデオロギーを強化するのにたいし、経済学は存分のはたらきをしてきた。それは主に、個人の効用最大化と市場の需給均衡化とを経済学が説明してみせたからである。ケインズはこの説明を反駁することによって、彼の著作の題名でいうと、『自由放任の終焉』をとなえたわけである。

経済学に色濃くしみこんでいる自由主義の思想がはたして自由放任のそれであったかどうかは、多いに異論のあるところであろう。たとえばハイエクならば、ヒュームおよびスミスの系譜にある自由思想には慣習への配慮がある、というであろう。つまり、歴史的に耐久してきた規範的な秩序にもとづくのでなければ、自由は放縦あるいは気儘に堕するということである。また、バーク流の保守的懐疑に属する自由思想ならば、〝国家的強権からの自由〟といういわゆる消極的自由の方を重んじて、〝人間的理想への自由〟といういわゆる積極的自由には共感をもたぬであろう。なぜなら、人間性のありうべき不完全さについて保守的懐疑主義は敏感だからである。さらには、自由思想とふかい関連をもって発展してきた平等思想についていうと、一方では、それを形式的平等つまり機会の平等に限定することによって自由のがわに優先権を与える人々がおり、他方ではそれを実質的平等つまり結果の平等にまで拡張することによって平等のがわに比重をおく人々がいる。

しかし、こうした錯綜がありながらも、経済学の本流は自由放任の思想に偏っていたのであり、それはまた、一般庶民の素朴もしくは低俗な自由思想と呼応してもいたのである。というのも経済学は、社会的慣習の重みについて、人間の知的および道徳的不完全性について、そして自由と平等のあいだの葛藤について、あまり真面目な考慮を払ってこなかったからである。総じていえば、〝選択の自由〟にたいする制約をできるだけ弛く解釈するのが経済学のやり方であり、それは〝われらをして自由になさしめよ〟という大衆の野蛮な叫びと軌を一にしているといってよい。ケインズは、経済学者たちと一般公衆のあいだに瀰漫《びまん》していたこの堕落せる自由思想に痛撃を与えようとしたのである。自由放任に対抗するための彼の最大の論拠は次のようなものである。

頻繁に見受けられるように、自分自身の目的を促進すべく個々別々に行動している個々人は、あまりに無知であるか、あるいはあまりに無力であるために、そのような目的すら達成することができないのである。社会というひとつの単位を形成しているときの個々人が、各自が別々に行動するときとくらべて明敏さに欠けるのが常であるとは、経験的にはなんら示されていない。〔6〕

これは、合理的な諸個人の決定をすべて集計することによって社会が論理的に導かれるのだとする、いわゆる要素論にたいする批判である。少くとも経済学の界隈において、それはとりわけて斬新な視点だといえよう。社会を構成する要素の合理性を疑ってしまえば、それら要素の発揮する自由も、その社会的帰結も、おおいに疑うに値するものとなる。自由放任に終焉を宣するにはそれで充分だとケインズは思ったのであろう。しかし彼は個人と社会の関係をいささか軽く考えていたようである。

第一に、現実の自由社会において、人々は「個々別々に行動している」であろうか。自由主義のイデオロギーがどれほど社会的連帯を掘りくずそうとも、家族、学校、企業、地域社会その他の諸制度のなかで、人々は多少とも社会化されている。つまり社会的な価値や規範や役割やが個々人の人格のなかに内面化されている。そのような内面化された基準にてらして人々は、自己の生活にとって有益な情報を収集し分析し解釈している。人々はすでに「社会というひとつの単位を形成しており」、そこでそれぞれに有知かつ有力となっているともいえるのである。どんな自由も、こうした社会的単位にもとづいた上での、個性の表現でしかないということである。たしかに自由放任は社会の諸制度を不安定にする。しかしそれは、主に、個々人を無知・無力にするからというよりも、人々の共有する価値・規範・役割の体系をゆるがすからなのである。

第二に、このことと関係して、ケインズが「社会というひとつの単位を形成する」よう提唱する場合、主として、管理・計画体制の整備のことが予定されている。ケインズの進もうとした方向は政治社会であって共同社会ではなかった。彼は、「多くの場合において、支配と組織の単位にかんする理想的な規模は、個人と現代的国家の中間のどこかにあると私は考えている。したがって私は、国家の枠内における半自治的《セミ・オートノマス》組織体の成長とその認知のなかにこそ進歩が存すると示唆したい」〔6〕といっているけれども、その半自治的組織の主要な任務がより合理的な計画と管理を編成することにあることに変りはない。一言でいえば、ケインズの欲したのは国家《ステイト》であって社会《ソサイエティ》ではなかった。彼のような考えには瑕疵《かし》がある。ひとつに共同社会にとって必要な価値や規範やといった社会学的の要素が無視されていることであり、ふたつに国家が〝社会のなかにいる個人〟よりも賢明であるとは限らないということである。ケインズはこうした欠陥についていくぶん盲目であった。この点で、彼はケインズはサン・シモン、コントそしてマルクスとつながる計画思想の変種だといわれても致し方ないであろう。

自由放任弊害をとりのぞくにあたり、ケインズはなにほどか集権的な社会計画に頼るという、より直接的な途を選んだ。ハイエクはこれを構成主義《コンストラクティヴィズム》とよんで激しく批判した。私は、この点にかんするかぎり、ハイエクの方に言分があると思う。第一に社会計画の主体が、たとえば知的貴族が、社会全体について定性的および定量的な知識をもちうるとするのは科学主義の迷妄と思われるからである。第二に社会計画のあり方が、全体主義社会にあっては支配階級の利益によって、そして民主主義社会にあっては一般公衆の欲求によって、左右されるからである。そして第三に計画の効率が、たとえば社会主義体制にかんする理論と経験とがほぼ完全に明らかにしているように、競争の効率よりも劣るからである。

自由放任の弊害に対処するのに、より迂遠ではあるが、より着実なやり方もあったはずである。それは、価値、規範あるいは役割などにかんする慣習的な制度を、諸個人の自由選択を抑圧しない程度において、というよりも自由選択の基盤を保証するためにこそ、安定化させることである。

たとえば、歴史の試練をくぐりぬけてきたコモン・ローつまり慣習的な普通法を打ち固めることによって人々のあいだの信頼関係が確立されるとき、自由選択はより自発的でより安全なものとなるということである。これは自由の放任ではなく秩序にもとづく自由である。イギリス経験論の流れにあっては、個人的自由と社会的秩序の相補性という論点について、ふんだんに議論されてきた。ケインズは、価値観や学問論を開陳する場合には、この論点に相応の注意をはらっていた。

しかしことが経済計画に及ぶと、互いに相反的になる可能性の大きい自由と計画とのシーソー・ゲームにおいて、にわかに後者の方に力点をおくのである。少くとも彼の計画論議は、ひとの眼にそのように映るのである。

「現代最大の経済悪の多くは、危険と不確実性と無知の所産である」〔6〕と考えたケインズにとっては、資本主義経済のなかに埋め込まれている伝統的秩序に思いを致す余裕がなかったのかもしれない。戦争の時代にあって「死に瀕した文明の恐るべき痙攣」〔1〕を見てしまった人間には、なにはともあれ、経済の再建計画に前向きに取組むのが喫緊の課題と思われたのかもしれない。「現下の問題の少なからざる部分をつくりだしているものは慣習の頼りなさである」〔4〕と思ったケインズは、「時間と無知との暗い力」〔4〕に押し拉《ひし》がれている投資家たちに替って、合理的計画をもって未来に挑戦するのを義務としたのであろう。「近代世界の経済生活を悩ましている確信の危機」〔4〕を補うべく、政策的知識への確信をふくらましたというわけである。

加えてケインズは、個人主義的資本主義の伝統のなかに退廃を嗅ぎとっていた。つづめていえば、貨幣愛の心理と世襲制の社会から発生する瘴気にたいし、ひどく敏感だったのである。彼は『貨幣論』のなかでいっている、

近年になってこの呪うべき黄金欲は、その身を立派な衣裳で包もうと努めてきたが、それ

は性あるいは宗教の領域においてさえかつてみられたことがなかったほどの、ばかばかしく立派なものであった。……

さらに次のようにもいう、

財産としての貨幣愛は、ありのままの存在として、多少いまいましい病的なものとして、また、震えおののきながら精神病の専門家に委ねられるような半ば犯罪的で半ば病理的な性癖のひとつとしてみられる〔べきものである〕。……〔6〕

「個人主義的資本主義の知的衰頽の根源は、それ自体の特徴では全然ないものの、先行する封建制の社会体制からそれが継承したひとつの制度——すなわち世襲原則——のなかに見出さるべきだと私は考えている。富の譲渡や企業の支配にみられる世襲原則は、資本主義陣営の指導部が弱体で愚かであることの理由である。〔6〕

このようにしてケインズの介入主義に弾みがつけられた。そして、〝ハーヴェイ・ロードの既定観念に凝り固まった選良主義者〟として、いま彼は葬り去られようとしている。しかし注意すべきは、彼は自由放任を攻撃しはしたが、自由主義そのものからは離れることができなかったという点である。そのことは、まず、計画的介入にたいする少し予想外なほどの慎重さとなって現れている。彼は、「今日、経済学者にとっての主要な課題は、おそらく、政府の〝なすべきこと〟《アジェンダ》と〝なすべからざること〟《ノン・アジェンダ》を改めて区別しなおすことである」〔6〕と自分に抑制をきかせていた。彼はいう、

　政府にとって重要なことは、個人がすでに着手しつつあることに手を着けることではないし、またそのようなことを多少とも上手にこなしたり、少々下手ながらも遂行するということでもなく、現在のところ全然実行されていないことを行なうということなのである。〔6〕

　ケインズは自分のことを〝新自由主義者〟とよんでいた。つまり彼の主眼はあくまで自由主義のがわにおかれていたのである。いやそれ以上に、自由と計画の相反性についてすら、彼は次第に疑いはじめていたのである。たとえば一九二五年の段階では、〝政府、法人あるいは組合などの集団的行動によって個人の自由が縮小される〟とするＪ・Ｒ・コモンズの意見に賛意を示していたのに、その一三年後には、むしろ自由と計画とが補い合うものであるかのように発言している、

計画化とか統制とかいわれているものに賛意を表すことは……自由の道徳的諸原理からの離反を意味するものではありません。それどころか、経済生活の自由が……いっそう深い自由――人格の自由、思想の自由および信仰の自由――と結びついているのだということを、われわれは今や学んだのであります。〔9〕

さて、自由と計画のあいだの整合性はケインズにあっていかに保たれていたのであろうか。ここで、ケインズという知的貴族の独特の性格がふたたび論じられなければならない。彼は、書斎や象牙の塔に隠遁して高見の見物を決めこむような知的貴族ではなかった。それは、芸術界や実業界や政界に顔を出すのが好きだという性癖のためというよりも、知性そのものがそうした多面にわたる活動的生と緊密に相関しているのだと知っていたからである。したがって社会計画に参加するということは、単に手持ちの知識を応用するということにとどまるものではない。国家的活動のなかに我身をおくことによって、自分の知的活動の条件が変るのである。関心、構想、論理そして表現のすべてが、自分の生のうちに国家的なるものが含まれているかどうかによって、変ってくる。国家的なるものを含む、とは、自分が国家に吸収されることではなく、国家的課題に自分という個をぶつけてみることである。ケインズは、良くも悪くも、英国のジェントルマンであった。オルテガにいわせれば次のようなことである。

ジェントルマンは、仏者とは反対に、強烈にこの世に生きることを望み、できるだけ個であろうとし、一切のものにたいする独立不羈の感情を身上とするものである。……生活を遊戯たらしめようとするがゆえに、かえって彼は、生活が苛酷な厳粛な困難な事柄であると知る。〔『技術とは何か』〕

社会計画はケインズの生の一部、適応としての生ではなく自由としての生の一部であった。彼にとっての計画は、改革の青写真であるよりも、その発想・立案・実行の過程で自分の生が苛酷で厳粛な遊戯と化するような生の様式であった。その意味でならば、金銭のための「投機《スペキュレーション》は自由のための彼の闘いであった」というハロッドの言にならえば、計画のための理論《スペキュレーション》もまたケインズにとって自由の闘いであったといえるであろう。人間の生は、過去の重みをひきずりつつ危険な未来へと向うドラマティックなプログラムのことなのだが、そのなかに他者にむかって社会計画をよびかける活動がふくまれていてそう不思議ではないのである。厳密にいえば、自由と計画あるいは個人と国家という二分法には誤りがある。というのも、計画といい国家といい、諸個人の自由な生のなかに、その生のつくりだす不可欠の虚構のなかに根差しているものだからである。しかしそれにしても、国家は人間の産み落とした最も危険な幻想ではある。

国家

とりあえず、国家とは強制力をもった法の体系のことだとしておいてよいであろうが、法もその強制力もそのままでは安定的に機能しえない。それらを受容する態度が、なにほどか人々のあいだで共有されていなければならない。その態度を道徳とよぶことができるとすれば、国家は道徳に根拠をもつものでなければならないということになる。

しかし、ケインズが道徳の再建について目立った寄与をしたとはとても考えられない。社会計画とくに経済計画の拡張によってもたらされたのは、国家を道徳にではなく科学にもとづかせようとする科学的政治観の普及であった。彼個人の志においては、社会科学は道徳科学にとどまるべきものであったから、そこに大きな矛盾があったわけではない。しかしケインズという存在のかもしだす社会的形象は、明らかに、国家を科学の手段たらしめようとするテクノクラートのそれであった。

国家は、巨大な幻想の運動であるということができよう。つまりそれは、習俗《モーレス》にもとづく道徳《モラル》が、人々の集合表象となって、自らの可能性を時間の流れのなかで共同のプログラムとして開示してゆく過程なのである。個人はその過程から逃れたくとも逃れることができない。というのも国家の活動は、戦争にせよ福祉にせよ、個人の幻想のなかにひそかに根を張っているにちがいないからである。個人のなしうることは、良くも悪くも、自分の個的幻想そして自分らの集合的幻想を相手に真剣な遊戯を行うことであるにすぎない。科学とかいうものも、ざっくりいえば、そうした遊戯の一種なのである。科学は、まして国家は、人々の幸福を実現するための手段などではない。それらは人々の生の一部なのであって、それらと抗ったり妥協したり親しんだりする以外に生の組立てはないのである。

人間は幻想的動物であるとオルテガはいったが、どんな幻想であってもよいというのではない。精神の貴族は、幻想を解釈するという困難な課題にとりくんで、おそらくは、解釈の根源に究極的な価値や義務や宿命やといった観念がなければならないと知る。精神の大衆は、ありあわせの幻想に身をまかせて現実的な物品や権利や策略やにかまけている。近代における国家の肥大化という残酷な事実は後者の精神の産物なのだと思われ、そしてケインズの計画志向的な言説がそれに加担する結果になったのは疑いようのないところであろう。

自由も計画もそれぞれあやうい綱渡りなのではないだろうか。自由放任は、国家的秩序を動揺させることによって自由の依って立つ基盤を危くし、その反動として国家の強化と計画の増大をよびよせる。過剰な計画は、国家を器械のごとく硬化させることによって自由を圧殺し、かくすることによって計画の実行にとって必要な活力を奪い去るのみならず、その反動として勝手気儘な自由への渇望を招きよせる。

ケインズはこうした事柄の一切をうすうす分ってはいたのだが、自由放任への反発のあまり社会計画に安易に飛びついたとの感を免れがたいのである。その結果、彼は国家機構の懐にふかく抱かれた人物なのだという印象を世人に与えつづけてきた。だからこそ、大きな政府に反対する経済思潮が反ケインズ主義の形をとっていま吹き荒れているわけである。私自身は、大きな政府は大衆が国家の庇護を欲求したことの結果にほかならないと考えている。したがって、そのような非自律的な大衆が市場機構の野に放たれて小さな政府ができたとて、経済学の純粋理論が教えているような自由の理想郷に入りうるなどとは毫も考えていない。しかし社会計画を請負うテクノクラートが大衆に抜きんでる英知をもっているとするのも科学主義の慢心である。それどころか、民主制の野に放たれた大衆の様々な欲求を前にして右顧左眄《うこさべん》するのが、テクノクラートたちの姿のようである。ケインズにあてがわれた社会的役割が、第二次大戦後において熟成をみている高度大衆社会への橋渡人ということであったという意味においてならば、私も反ケインズ派のつもりでいる。

彼が国家の強大化について手放しで楽観していたというのではない。自由は彼にとっておよそ不動の道徳だったのであって、その道徳をふみにじるような国家に味方することは彼にはで

きなかった。たとえばハイエクへの手紙でいっている、

実際われわれはたしかに計画の拡張を欲しているといってよいでしょう。しかし、計画は、できるだけ多くの人々が、指導する者も指導される者もともに、あなた自身の自由主義的な道徳的立場にまったく同意するような社会において行なわれるべきものです。……われわれにとって必要なのは正しい道徳的思考の復活――われわれの社会哲学における適正な道徳的価値への復帰――です。〔9〕

彼は、結局、個人と国家との関係について折衷主義的な態度をとったといえるであろう。前節で私は、彼が新自由主義者である、つまり計画よりも自由の方に重きをおいたと述べたけれども、それもちょっとした具合で逆転するようにみえることも間々あったのである。たとえば次のような発言がそれである、

問題は、われわれが一九世紀の自由放任国家から脱け出して、自由社会主義《リベラル・ソシアリズム》の時代に移行する用意があるかどうかということである。私が意味する自由社会主義とは、共通目的のために、社会的・経済的正義を促進するために、組織された社会として行動することができる

が、他方、個人――彼の選択の自由、彼の信仰、彼の精神とその表現、彼の企業と彼の財産――を尊重し保護するような体制のことである。〔14〕

ここでいわれている内容というよりも、自由社会主義という命名を用いるところに、その集団的なるものへの歩み寄りをみることができる。実際、ケインズは、師マーシャルにあって「社会主義的観念によせた強い同情と競争の力の強さにたいする昔風の確信とは矛盾しなかった」〔7〕といっているが、それは彼自身についてもいえることである。彼は、社会主義にひとつの典型をみるような集団的行動をてんから拒絶してかかるような、いわば原子論的の個人主義者ではなかった。彼が個人主義者であったことに間違いはないが、集団的活動とのかかわりにおいて個人の生がより豊かな活力を帯びる可能性をも認めていたのである。

この集団的活動という点に論が及べば、彼自身の所属する集団のことが問題にされなければなるまい。彼は自分の帰属集団の利害に全面的に服するような人間などでは全然なかったが、同時に、自己の集団的帰属から自由になれるというような、書斎派の知識人にありがちのポーズをとる種類の人間でもなかった。むしろ、〝集団と共に、しかし集団からはなれて独りでいる〟ことの矛盾のなかから言論の活力が生まれてくるということを彼は知っていた。つまり、自己の生のもつ個人性と集団性のあいだを媒介するのが言葉だということである。この媒介作業は、下手をすれば、〝付かず離れず〟に日和を見る態度になるであろうし、上手にやれば、個と集団という生の両義性を色彩ゆたかに演じる営みになる。ケインズの達成した水準がどこらあたりにあるのかについては評価が別れるであろうが、いずれにせよ彼は、自分の生を単義化するような個人主義者でもなかったし集団主義者でもなかった。したがって、自分の集団的帰属にかんする次のような発言のなかにも、生の両義性にたいする彼の配慮がよみとらるべきであろう、

もしも人間が生まれながらにして政治的動物だとすると、政党に所属しないということは、まったく不愉快なことである。それは、寒々として寂しく、つまらないことだ。……政治的動物は、〝私はどこの政党員でもありません〟などという見下げはてた言葉をどうしても口にすることができないのである以上、どの政党にも属さないでいるよりも、むしろどれかの政党に所属しようとすることであろう。……とにかく階級的利益を追求するのだとすれば、私は自分自身の利益を追求するだろう。……階級戦争が起これば、私は、教養あるブルジョアジーの側に立つことになるであろう。〔6〕

この文句は、しばしば、ケインズの政治主義と上流意識を示す好個の例として受取られてい

バーナード・ショウとケインズ（フィッツウィリアム博物館、ケンブリッジ、1935）

る。また、そうした評価の系として、ケインズのことを修正資本主義のための政治的工作者とみなす向きも跡を絶たない。特に、その反社会主義的かつ英国中心的な言動と重ね合わせられるとき、ケインズのなかには国家主義的な傾きすらあるとされるのである。たとえば次のような一節をみると、自由思想の闘士L・ロビンズの表現をつかえば、ケインズは「経済的国家主義のさもしくささいな便宜的利益」〔9〕のために「国際関係における崇高で価値ある理想的利益」〔9〕を投げ棄てたのだ、と思われて仕方ないということになるかもしれない。彼は一九三一年に、つまり世界経済のブロック化が進行しはじめたころ、保護貿易を弁護していってる、

私の実践的目標は、国際的な貸金切下げ競争とそれによってもたらされる社会的紛争を除去すること、我国のみが一般的利益のために使いうる世界の金融的指導者の地位を我国に取

り戻させること、そして国際平和への歩みを遅らせるとともにインドにおける我国の政策を中断させることになるような国内の政治的反応を防止することにある、これが私の少くともいいうることなのである。〔9〕

またたとえば、ボールドウィン内閣の対独宥和政策に賛成して、社会主義者たちやバーナード・ショウのような社会主義への同情者たちと論争する場合のケインズの念頭にあったのも、まずもってイギリス帝国の利益であり、その利益を守護する国家体制への信頼である。彼はあっさりといってのけている、

私自身は、その基本政策が平和的であるような諸国が及ぶ限り強大であってほしいと望んでいる。……この国ではいかなる政府が権力を握ろうとも、邪悪な目的のために軍備を使用するようなことはないと信頼してよいのだと、私は確信している。〔9〕

それが自由主義者のであれ社会主義者のであれ、国際主義的の理想に身をあずけるというのはケインズの流儀ではなかった。彼は、少くとも表面的には、愛国的とみえるような仕方で振舞ったのである。たとえばハロッドはいっている、

彼は自分の国を熱烈に愛していた。彼はイギリス人の優秀性にたいする直観的な信念から、しばしば、まったく反発的であるようにみえる感情を表しはした。彼はヴェルサイユ条約に関連して自分自身の国を痛烈に非難したのだが、それは、ひとつにほかならぬ愛国心のために、自分には不名誉な行動と思われた事柄をひどく恥ずかしく感じたからであった。

このように国家という概念に引寄せられていくケインズをみると、私は、時たま、島国人にありがちの夜郎自大を感じることとすらある。彼の系統的な思索が経済学およびその周辺に限定されていたにもかかわらず、彼は大胆に国家にかかわっていた。そうできた根拠が自国民、自己の所属する階級あるいは自国政府の優秀さにたいする直観的な信頼であったというのでは、余りにも軽率である。実際、ケインズの言動には一種の軽率さが抜きがたく染み込んでいると思われるのであり、したがって、彼には国家主義的な歪みがあったのだという評価を覆えすのは簡単ではないのである。しかも当時の状況にあっては、体制としても思想としても、スターリニズムとファッシズムの危険が眼にみえて強まっていたのである。ケインズは、国家というものの、あるいはより一般的にいって集団というものの、もちうる残忍さを過小評価しているという点においては全体主義への案内人であったのかもしれない。

しかし、このような留保はつけられるものの、ケインズにも言分がないわけではない。国家は一切の活動的生が是非もなく依拠せざるをえない歴史的現実である。国家的秩序をとりはらった自由放任の生は社会から有機的な統一性を奪う。他方、国家的秩序にがんじがらめに統制された生はいずれ社会を死せる器械と化す。ケインズの欲したのは、オルテガ風に比喩すれば、「皮膚としての国家」であったにちがいない。つまり国家は、社会という身体を皮膚のように被いはするが、それはむしろ個人という筋肉細胞に自在な活動を保証するためのものであり、さらに国家という皮膚は、鎧のように身体の外部から与えられるものではなく、内部から、すなわち個々人の活動的生の営みをつうじて、不断に生成してくるものだということである。

個人と国家とが相互に前提となり、相互に応答するような社会を彼は望んでいたと考えられる。自由への強い執着と国家への深い関与はその現れである。自由放任主義も社会主義も国家なき社会というユートピアを夢想することによって、その実、過酷な競争や残酷な強制を人間に押しつける結果になっている。ケインズはむしろ国家を歴史の現実として認めることによって、自由の限界のみならずその可能性をもより確かなものにしようとしたのである。彼の英国中心的な発言にしても必ずしも島国的の排外主義として受取らなくともよい。あれほど激しく自国を批判しつづけたケインズのことであるから、彼にとっての現実のイギリスは、いってみれば、格闘すべき巨大な矛盾であり、そして〝イギリスの優秀性〟とは滅多に実現されることのない気高い未来の約束事だったのではないだろうか。少くとも、ケインズを生の哲学の実践者という相貌においてとらえるとき、その国家主義的あるいは愛国主義的な言動もいくらか違った様子にみえてくる、ということができる。

またこのように考えるのでなければ、彼の活動をつらぬく精神の貴族性も明瞭になってこない。彼の携わっていた国家は、今ほどではないにしても、デモクラシーつまり大衆の支配の及びつつある国家であった。しかしケインズは、精神の貴族として、しかも活動的な知識人として、大衆的なるものにたいし微妙に緊張をはらんだ関係におかれていたのである。大衆との同盟と敵対、彼の心理に走る最も大きな亀裂はこれである。そのような彼が大衆の国家や大衆の価値や大衆の行動やにまるごと嵌《はま》るというようなことはありえない。ケインズにおける政治を特徴づけているのは、大衆化状況の激浪《げきろう》のなかに身をおきながらなおも独立不羈であろうと努力する知的貴族の悪戦の模様なのである。

大衆

ケインズは説得という名の政治のために大衆のなかに入っていった。より正確には、新聞・雑誌の類のなかに自分の片足をおいた。彼の場合、説得の主要な内容は既成の指導的意見を批判することにあったのだから、彼の聴衆あるいは読者たる大衆はひとまずは自分の同調者になる可能性のある人々とみなされた。大衆の支持を背景にして旧態の観念のうちにまどろんでいる指導者たちを撃とうとしたのである。その意味で彼はデモクラットつまり大衆の力の信者であった。第二次大戦がはじまって、インフレーションを抑制しつつ戦費調達をはかるための論陣をはったとき、彼の繰延支払案が勤労大衆に貯蓄を強制するものであったにもかかわらず、彼はいっている、

実のところ、困難は世論にあるのではありません。大衆はどんなことにでも用意はできており、黄金のように純正です。困難は血なまぐさい政治家たちであり、その血なまぐさい心は、先祖たちにとって未知だったことについては、十分な準備ができていないのです。もしものごとを唱道し、指導性をもってやりとげようとするならば、実際にはなんの反対もないでしょう。〔14〕

ここには民主主義にたいするケインズの楽観が示されている。賢明な指導者を賢明に選択してゆくのが大衆だとされているわけである。彼は民主主義のありうべき退廃にたいし疑念をはっきりと表明したことは一度もなかった。もっと具体的にいえば、物質的幸福と社会的平等

をどこまでも要求しつづける大衆によって、政府の権力のみならず企業や学校や地域社会などの権力までもが簒奪されるかもしれぬということについて、彼はあまり心配していなかった。少くともその心配を正面から論じようとはしなかったのである。したがって、たとえばS・ブリタンのいうような、「不幸にして、民主主義にたいする最も自己破壊的な傾向への砦として役立つのではなく、そのような傾向を合理化するような経済的思考の体系がケインズの名において展開されたのである」〔17〕という評価が下されることになる。

しかし、第二章でもふれたことであるが、彼は物質主義と平等主義という価値を、どちらかといえば、疎んじていた。「現在の道徳的荒廃にたいして責めを負うべき蛆虫」、それは「経済的基準の過大評価にもとづくベンサム主義の功利計算」だとされていた。またハロッドも証言しているように、「中産階級にたいする敬意や、芸術家、科学者その他あらゆる種類の頭脳労働にたいする尊敬は、彼に社会主義の階級意識的な諸要素に反発を感じさせていた。彼は平等主義的感情をもってはいなかった」のである。ある程度の物質的幸福や社会的平等は文明の条件として必要だとされてはいたが、それらを価値にまで高めるのはケインズの忌むところであった。大衆のなかに程々の豊かさが程々に等しくゆきわたれば、大衆が自らを知的貴族に鍛え上げてゆくものと彼は想像したのであろう。彼自身の知的貴族性、大衆にたいする彼の信頼そして経済的福祉の普及にむけられた彼の努力を一貫させて理解しようとすると、そういうことになる。

ケインズは大衆のことを、そして大衆社会の真の恐さを、よくわかっていなかったのである。大衆とは単に統計的に大量なという意味でのマスのことではないであろう。つづめていうと、近代の大衆は物質的快楽主義《マテリアル・エピキュリアニズム》と社会的平等主義《ソーシアル・エガリテリアニズム》とを信条《クリード》とする教団の信徒たちである。近代という時代の衣裳が産業と民主のツー・トーン・カラーで染め上げられてゆくのはおおよそ歴史の必然なのだとしても、自分らの姿形を懐疑する心性をまったく失って時代の流行に淫するならば、イデオロギーとしての産業主義《インダストリアリズム》と民主主義《デモクラティズム》に、そしてそれらをより短絡させたイデオロギーである快楽主義と平等主義に人々が吸収されることになる。つまり高度大衆社会の成立である。ケインズの役柄は、今にして思えば、この種の社会への転轍手ということだったのである。

　高度大衆社会がそれ以前の大衆社会と異なるのは、ふたつの点においてである。ひとつは現代の大衆は、Ａ・ド・トックヴィルを代表とする一九世紀の貴族的思想家たちの考えたような〝教養と財産をもたぬ人々〟などでは最早ない。産業主義の勝利とそれに伴う大衆教育の進展のおかげで教養と財産がなにほどか広くゆきわたったからである。ふたつに現代の大衆は、Ｋ・マンハイムやＳ・ノイマンに代表されるような一九三〇年代の民主的思想家たちの考えたような〝一握りの政治的選良に操作される人々〟でもない。民主主義の普及のおかげで、大衆は社会のあらゆる部署に積極的に進出し、あらゆる活動に主体的に参加しつつあるからである。つまり、産業主義と民主主義そのものが巨大な大衆運動となってくりひろげられているのである。その過程で生じている精神的退廃もしくは崩壊の様相について、ここで議論する余裕はない。ただ、ケインズによって端緒を与えられた民主的経済政策の体系化が高度大衆社会を前進させる重要な歯車になったことだけを確認しておこう。

ケインズにとっては「文明の可能性」にすぎなかった産業と民主の体制が文明の現実となってしまったわけである。その責任の一部はいうまでもなくケインズにある。どんな制度も単なる技術的手段にはとどまりえず、つねに価値を内包するものである。貨幣愛をあれほど激しく嫌悪し、平等主義にあれほど冷ややかであった彼が、結果として、大衆の価値に大きく貢献することになったのは皮肉である。「黄金のように純正」なのは物質的幸福と社会的平等を飽くことなく追求する大衆の魂なのかもしれぬということについて、彼は十分に考慮をめぐらさなかったのである。

しかし責任の一部はケインズの亜流にもある。ケインズの言説には大衆への懐疑が散らばっている。彼の亜流たちは、それらをケムブリッジ・マンの貴族趣味とかハーヴェイ・ロードの規定観念とかというふうに批判的に片づけてしまって、大衆社会の解釈論にまでおしすすめようとはしなかった。というより、彼らにとっては経済学という専門科学だけが関心の対象だったのであって、ケインズのうちに確かな萌芽として含まれていた人間および社会にかんする総合的解釈は無用の長物とみなされたのである。もしオルテガのいうように、専門的知識への自己懐疑を完全に喪失しているという点において、専門主義者こそが大衆人の典型であるとするなら、イギリスのいわゆる嫡子《レジティメイト》のケインジアンにしてもアメリカのいわゆる庶子《バスタード》のケインジアンにしても、ともに大衆の代表である。したがって彼らには、ケインズの次のような発言に耳を貸す必要はなかったのであろう、

愚劣な言葉にともなう愚劣な行為はやがて暴露され、叡知にたちかえる機会がやってくるであろうと信じて、大衆が要求するままに愚劣なことを口にし、発言したことと両立することと以上にはなにも実行しないというのが、現代政治家のやり方である――これはモンテッソリの幼児教育法〔幼児自身による自己教育〕を大衆に応用したものにほかならない。……子供の触れたがる炎の美しさを褒めそやし、壊れた玩具の出す音を讃え、さらに幼児にそれらに近づかせてみよ。しかし、賢明で親切な社会の救世主としては、注意深くじっと見守っていて、幼児が火傷を負いそうになる瞬間にはうまく引離せるように待機していよ、というのである。〔2〕

ここには大衆にたいする、そして大衆に迎合するものにたいする疑いがこのうえなく明白

に表明されている。ケインズがイギリス労働党にたいして抱いた反発感は、自分の所属する階級への愛着のためばかりではなく、大衆というものの態度にたいしてそう簡単に好感をもてなかったせいでもある。彼は腹立たしげにいっている、

労働党の指導者たちがその心中ではいかに穏健であろうとも、労働党が選挙に勝つためには、つねに、一般にはびこっている激しい感情と嫉妬心に少しばかりは訴えかけざるをえないであろう。……労働党の指導者として成功するためには、少しばかり無作法であること、あるいは少くとも無作法らしく振舞うことが必要なのである。指導者たるものは、同志を愛すべきだというだけでは十分ではないのだ。彼はまた同志を憎まねばならないのである。〔6〕

彼は大衆のなかに渦巻くルサンチマンの激しさを知っていたのだし、民主制がそのルサンチマンを養分にして成長するという可能性についても分っていたのである。さらに、イギリス労働党を過激派の立場から批判したL・トロツキーの激越な物言いにたいし、彼は歎いている、

彼〔トロッキー〕はまさに一団の山賊的政治家の気質を示しているにすぎない。すなわち、彼らにとっては行動とは戦いのことであり、ものやわらかな穏当さとか、仁愛、寛容、慈悲

などの雰囲気は耐えがたい憤怒のもとになる。……物事がそんなにたやすければよいのだが！　ライオンのように、それとも餌をほしがる鳩の子のように、ただわめき立てることで物事が成就できるならよいのだが！〔7〕

このようにいうからといって、ケインズが平凡な意味での篤実の人だというのではない。彼がいくぶんスポーツ的の感覚をもって言論戦を展開する有様には、いわば真剣な遊戯の調子があるのであって、凡庸な真面目さは感じられない。妻リディアとともにロシアを訪れたとき、彼は記している、

革命のなかのロシア人ほど真面目な人間はかつて存在したことがなかった。陽気な気分や奔放な精神のなかでさえ真面目なのだ――真面目すぎて、時には明日を忘れることがあり、今日をさえ忘れかねないほどである。しばしば、この真面目さは粗野で愚鈍で退屈きわまりないものである。平凡な共産党員は、これまでのあらゆる時代のメソジスト教徒とまったく同じように、色あせている。その雰囲気の緊張度はひとが普通に耐えられる範囲をこえており、ロンドンの軽薄な気軽さが恋しくなるほどである。〔6〕

結局、第一章および第二章でも指摘したことであるが、ケインズは「平凡な人間を褒めそやす」という近代の新興宗教に我慢ならなかったのである。それは、必ずしも、彼が選良主義者だということを意味しない。他人と同じであることそれ自体に喜びを感じるような大衆の進撃を前にして、個人の独立性と多様性を守ろうとしたのである。しかも、より困難な問題を自分に課し、それを解決してゆく活動的生のうちに個人の自由を実現しようとしたのである。

私思うに、当時の知識人の多くは、大衆の軍隊にすすんで応募して大衆の欲求に適応するだけの受動の生を送るか、あるいは往時をなつかしみながら崩れ去りつつある旧制度のなかに閉じこもろうと空しくあがいていた。ケインズという人間の面白さは、ほとんど軽率に近い大胆さをもって、別の途を歩んだ点にある。つまり旧制度の門戸を自ら開けて、大衆の軍隊の真近かにまで歩み寄り、そして大衆を批判しつつ大衆のために獅子吼したのである。その危険な企てにおいて、経済学的のものを中心とする機敏な弁説だけであれほどの成功を収めたのは、まったくの驚きである。おそらくは、イギリス帝国の永きにわたる言論術の蓄積があったればこそ、彼の成功も可能になったのだと思われるが、それにしても、その歴史的蓄積を具体化したのはケインズその人の努力なのである。

しかし彼の亜流たちは、大衆への接近とそれからの離反というケインズの二面作戦の意味を理解できなかった。むしろ彼らは、ケインズ経済学を旗標にして大衆の軍隊を旧制度の城内に招き入れるのに懸命であった。わかりやすくいえば、嫡子のブリティッシュ・ケインジアンは労働者という大衆の、そして庶子のアメリカン・ケインジアンは消費者という大衆の、それぞれイデオローグとなったのである。いずれにせよ、彼らケインジアンは物質的幸福と社会的平等という大衆の信仰の信者となった。両国のみならず先進諸国の多くが福祉国家というユートピアにむけて直進してゆく過程で、ケインズ経済学のはたした役割は、少くともそのイデオロギーとしての役割は、けっして小さなものではなかった。

旧制度における物質的不幸と社会的不平等それ自体は、可能なかぎり、治癒されてしかるべきものであったろう。しかしそこには、凡庸なるもの、低俗なるもの、画一的なるもの、満悦的なるもの等々、つまりは大衆的なるものへの懐疑がまだ残されていた。その懐疑を保守しつつ物質的幸福と社会的平等の水準を高めること、それがケインズにおける大衆への二面作戦なのであった。彼が経済学の領土に自らを封じこめずに、より広い言論活動へと旅立っていったのもそのためと思われる。というのも、彼のみるところ、経済学は大衆性への懐疑を提供してくれるような種類の学問ではないからである。経済学は、たかだか、物質的幸福と社会的平等の問題にかかわるにすぎないとされていた。それらに伴う精神作用について、たとえば大衆的精神の横行が文明の殷盛《いんせい》を示すのかそれともその衰退の兆であるのかなどについて、解釈し懐疑するのは経済学の仕事とはみなされなかった。したがって、ケインズの幅広い言説が彼の亜流たちによってケインズ経済学という形に縮退させられてしまったとき、彼が高度大衆社会を飾る一柱のトーテムに祭り上げられたのも仕方ないところである。

ケインズは自分のことをカッサンドラになぞらえるのが好きであった。たしかに、彼にとっての祖国である知的貴族のトロイは危難に近づいていたのだし、またアポローンのどんな怒りがあってのことか、ケインズ・カッサンドラの予言は世人から信じてもらえない運命にあった。しかし、心ならずも、彼はトロイの木馬でもあったのである。つまり彼は、知的貴族の懐疑的心性をほしいままに蹂躙する大衆の軍隊の導き役となってしまった。そうなった理由の最たるものは、彼の多様な活動も結局は経済への求心力によって統べられており、さらにその〝新しい経済学〟も結局は経済学の伝統を大きく踏み出るものではなかったという点にある。経済学は、その幾多の偉大な成果にもかかわらず、物質的快楽主義《マテリアル・エピキュリアニズム》と社会的平等主義《ソーシアル・エガリテリアニズム》の隠しもつ毒素に鈍感でありつづけてきた。幸福と平等は経済学者にたいしつねに喜びをもたらす想念であった。このいわば知的なマーマレードの消費が、産業主義と民主主義という近代の宗教のしばしば残酷な戒律にしたがう一種の祭祀なのかもしれぬということについて、経済学が驚きの眼を見張ったことは、ほんの一部の例外をのぞいて、まずないといってよい。ケインズの驚くべく多孔的な精神もそうした類の驚きにはやや盲目であった。大衆にたいするケインズの二面作戦に破綻が生じたのは、彼が余りに経済学者でありすぎたからではないだろうか。

第五章　経済学

『一般理論』

ようやくケインズの経済学について述べなければならない段になった。しかし、経済学界に固有もしくは常習の論議に深入りする気は私にはない。それについてならば、相応の文献がすでに山積している。ここでは、彼の経済哲学の輪郭を明らかにすることに専念することにする。つまり、ケインズの経済学を深層において支えている視点と構想を、経済学の外部から、解釈してみることである。このことは、ケインズ経済学の終焉が宣せられているかにみえる現状にあって、とりわけ重要と思われる。彼の提出してみせた個々の仮説やそれらの相互連関については、今となってみれば、少なからぬ欠陥が見出されよう。しかし、どんな言説もそうであろうが、とくに社会科学の場合、後世に残されるのはヴューポイントとヴィジョンである。

ケインズの立脚した観点とそれにもとづいて展開した洞察には今なお汲みとるべきものが多いと思われる。その主著である『雇用、利子および貨幣の一般理論』の骨子を一言でいえば、経済学のなかに行為論的な要素をもちこんだことだといえよう。ここで行為論というのは、〝人間は主観的に構成された意味を担って不確実な未来へむけて行為するものだ〟という点を強調する考え方である。ケインズ以前のいわゆる古典派にあっても行為論的要素は皆無ではないのだが〝人間は効用関数を最大にするように行動するものだ〟というようないささか機械論的な色彩の方が濃厚である。人間の活動的生に着目するケインズとしては、経済学がこのようなベンサム的思想に汚染されていることに我慢ならなかったのである。需要と供給のあいだの相互反応にかんする市場理論が行為論的要素によっていかに屈折するか、それが彼の関心であった。『一般理論』の序文で彼はいっている、

貨幣経済とは、本質的に、将来にかんする見晴らしの変化が雇用の量に……影響を与えることのできるような経済である。しかし、将来にかんする見晴らしの変化から影響をこうむっている現在の経済行動を分析するためのわれわれの方法は、需要と供給の相互作用〔という考え方〕に頼っているのであり、その点でわれわれの基本的な価値理論と結びついている。

敷衍《ふえん》すると、「将来にたいする変わりゆく見晴らし《チェンジ》」に依存しているという意味で、経済行動は主観的かつ不確実であるのだが、そういう状況にあってはじめて、貨幣を使用したり保蔵したりすることの独得の意味が生まれるということである。貨幣は単なる交換の便宜的手段な

のではなく、不確実性にみちた未来へむかって人間が行為する際の不可欠の媒体である。それは未来の危険にたいする備えとしての価値を有するのであり、したがって、その貨幣を手放して他の財を購入するという行為のうちには、未来と現在のあいだの応答がふくまれているのである。つまり、貨幣と他財との交換比率にほかならぬ価格づけは、そうした応答のためのメッセージなのである。

貨幣経済をこのような観点から眺めるならば、市場のなかに多少とも不均衡が洞察されて当然である。なぜなら、ひとつに将来にたいして正確な見晴らしをもつことは不可能であるし、ふたつに、したがって将来にたいする見晴らしは不断に変化せざるをえないのだが、その変化にたいし需給量や価格づけを完全に伸縮的に即応させることは困難だからである。いってみれば、将来の不確定性が現在を動揺させ、過去の確定性が現在を固定させるという二重の圧力を前にして、需給一致という調和的市場観に亀裂が生じるわけである。行為論的要素を導入したことの結果として、ケインズは古典派の均衡論にたいしても背を向けざるをえなかった。というより、彼の眼前には厖大な失業と遊休資源という地獄めいた不均衡がひろがっていたのであり、その不均衡を説明するために、人間の行為論的本性がクローズ・アップされたのであろう。

いうまでもなく未来にたいする期待や市場における不均衡やはなにもケインズによってはじめて指摘されたことではない。しかしケインズ以前にあっては、それらは、個人によるベンサム的な快苦計算そして市場によるワルラス的な調整過程という多分に機械論的な仮構における、部分的かつ一時的な均衡の攪乱として片づけられてきた。ケインズは力点を大きく移動させて、それらが経済世界の中心部において永続的に存在するのだとみなそうとしたのである。つまり、未来への期待と過去からの慣性を担って行為する個人や集団は、内的にも外的にも、絶えざる不均衡、不調和、不協和のなかにおかれていると彼は考えた。経済世界がなにほどかの秩序をもって存在しているからには、そこに「需要と供給の相互作用」がはたらいてはいる。しかし、ケインズのみた相互作用は順調に均衡へ収束してゆくようなものではもはやなかった。経済世界の中枢に混乱へのポテンシアルが秘められているため、均衡が得られたとしても、それはつねに儚く移ろいやすいものになってしまうのである。彼はこうした混乱を代表するものとして〝非自発的失業〟をとりあげ、それを十全に説明するには、非ユークリッド的とでも称すべき新たな視点と構想が必要になると見通したのである。

しかし明らかに、古典派理論が完全雇用の場合にのみ適用されるものであるならば、それを非自発的失業――かりにそのようなものがあるとして(またいったい誰がそれを否定しえようか)――の諸問題に適用するのは誤りである。古典派の理論家たちは、非ユークリッド的世界にいるユークリッド派の幾何学者に似ているのであり、一見したところ平行な直線が経験上しばしば交わるのを発見して――現に起こっている不幸な衝突にたいする唯一の救済策として――直線がまっすぐになりつづけていないのを非難するのである。だが実は、平行の公理を投げ捨てて、非ユークリッド幾何学をなんとか仕上げる以外に救済策はないのである。〔4〕

実際、自分が経済学における最初の非ユークリッド派なのであるという自負は、ケインズにあって強烈なものがあった。彼の先行者たちを「いくつかの可能な均衡状態のうちの極限点」のみを扱った古典派としてすべて一蹴した『雇用、利子および貨幣の一般理論』の第一章「一般理論」は、四一二頁の書物のうちのたった半頁をしめるにすぎない。つまり、その異様に凝縮された表現のなかに、ユークリッド的な古典派を特殊な場合としてふくむ非ユークリッド的な一般理論を仕上げようとする彼の並々ならぬ意気込みがうかがわれるのである。彼の住まおうとした経済の非ユークリッド空間とは、つづめていえば、二重性の経済哲学だということができる。均衡と不均衡、静態と動態、慣習と変化、確実性と不確実性、慣性と期待、合理と非合理、個人と集団、競争と干渉などといった相互に関連した様々の二重性がケインズの経済学には溢れている。彼の経済学が難解になるのはそのためであるし、他方で、それが時論風の現実味をおびるのもそのためである。わざわざ念を押すまでもないことだが、この二重性の経済哲学が彼の個性、価値観、学問論あるいは政治論における様々の二重性と、たとえば芸術と科学、道徳と背徳、数学と散文、自由と計画などの二重性と表裏一体をなしている。どこまで自覚してのことであるかは定かではないが、ケインズの『一般理論』には彼の多彩な活動において得られた多様な二重性の思想が流れ込んでいると思われるのである。したがって、『一般理論』の序文の末尾における次のような言辞には、ひとり経済学者としてのケインズのみならず、ヨーロッパの動乱期を生き抜いた一人の知的貴族としてのケインズの全体像が映されているといえよう、

本書を作りあげることは、著者にとって、長い間の逃れようとする闘いなのであったが、本書を読むことは、多くの読者にとって、もし読者にたいする著者の強襲が功を奏しているならば、同じような闘い――思想と表現の習慣的様式から逃れようとする闘い――とならなければならない。ここに苦心のあげく表明された諸々の考えはきわめて単純であり、容易に理解されるはずである。困難は、新しい考えのうちにあるのではなく、われわれの大部分と同じように教育されてきた人々の心の隅々に拡がっている古い考えから逃れる際に存在するのである。

たしかに、二重性の経済哲学そのものは単純であり明白である。しかしそれを経済学の枠組

のなかでいかに表現するかは至難のことである。二重性の経済哲学に形式的な厳密性つまり数学的な表現を与えるのは当時も現在も不可能に近い。「数学形式で表現しうるような経済理論のただの骨格の部分は、複雑で不完全にしか知られていない経験上の事実の解釈に比べれば、しごく容易なものであり、有益な成果の確立に寄与するところが甚だもって乏しい」〔7〕と考えたケインズは、例の散文的健全性をもって、あるいは例の物語的理性をもって、『一般理論』を表現しようとした。

しかしそれでも、ケインズはやはり経済学の伝統に与していた。つまり、事物の因果関係を科学的に説明するのが『一般理論』の主眼だったのであり、そのため、いわば〝説明の単純化〟の犠牲として、二重性の経済哲学は適宜に分断され、縮小され、あるいは希釈されざるをえなかった。その結果、消費性向、投資乗数、資本の限界効率、有効需要、貨幣賃金の粘着性あるいは流動性選好といったようなケインズの分析的術語だけが生き永らえることとなったのである。それらの術語に込められていた二重的あるいは両義的な含意が抜きとられて、古典派の方向における換骨奪胎が行われはじめた。つまりそれらの諸概念は、形式的特徴だけについていうならば、古典派的な思考とも両立可能なのである。たとえば、古典派の想定するような合理的個人が将来にたいして期待を形成したとて何の不思議もない。価格体系にあれこれの硬直性が生じて市場に不均衡がもたらされるという事態も、古典派の枠内における特殊ケースとして処理することができる。また、将来の不確実性を認めてしまえば、流動性の保蔵によって将来の危険に備えるのだという考えを拒否するほど古典派は頑迷ではない。そうなれば、実物面と貨幣面が貨幣利子率をつうじて連動しているというケインズ的論点についても、理論的可能性として古典派は許容する。両面が実際にどれだけ連結しているか二分されているかは、実証の問題として別個に論じようという次第である。

総じていえば、ケインズの考えは古典派経済学におけるひとつの異常事態つまりケインジアン・ケースとして扱われるようになってしまった。非ユークリッド幾何学どころの話ではなくなったのである。ユークリッド空間の片隅でいわゆる〝弾力性ペシミズム〟の悲嘆にくれているのがケインジアンだということである。弾力性とはふたつの変量の変化率の比率であるから、ケインジアンが弾力性ペシミズムにとらわれているということは、彼らが市場のなかに硬直性を見出しているということである。たとえば、失業率が上がっても賃金率が下がらないとか、利子率が下がっても投資率が上がらないとか、貨幣供給率が上がっても利子率が下がらない、とかいった仮説を彼らは頑なに信じているということである。ケインズ派との相克をつうじて形式的にはより精錬され強化されたとはいえ、古典派もしくは正統派の経済学を特徴づけているのは、依然として、個人については合理性、市場については均衡性を想定するという点である。将来の不確実性という要因が明示的に取り出されはしたものの、それは古典派の分析をより複雑にしただけであって、古典派体系に本質的な変更がもたらされたわけではない。少なくとも教科書において流布されているような古典派の聖典とはそのようなものである。

こうなってしまった責の少なからぬ部分がケインズ自身に帰せられるであろう。第一に、彼が陽表的(explicit)に示した不均衡はおおよそ労働市場に限られている。『一般理論』を仔細に読めば、A・レーヨンフーヴッドが『ケインジアンの経済学とケインズの経済学』のなかで強調したように、そこで「試みられた主要な改革(実質的には唯一の大改革といえる)は、経済にショック〔攪乱〕が生じたときに、価格水準や賃金率による調整でなく、数量的な調整によって反応するという、経済体系の振舞にかんする組織的な分析を示したことである」とも考えられるのであるが、自分の追随者を誤導してしまう曖昧さが彼にあったことも否めない。そのことを端的に表わすのは彼の次のような叙述である、

もしわれわれの中央統制が実際上可能なかぎりでの完全雇用に最も近い状態に対応する総産出量を打立てるのに成功するならば、その点以降、古典派理論は自分自身をとりもどす。もし産出高が……古典派的思考の枠組の外にある諸力によって決定されると想定するならば……古典派の分析手法に反対を唱える必要はなにもないのである。〔4〕

後にサミュエルソンらによって新古典派総合とよばれることになったこの考えは、明らかに、古典派への妥協である。数量調整が市場行動の本質であるならば、完全雇用においてもそれは貫徹するはずである。しかしケインズは、短期の売上金額（および経常収益）にかんするいわゆる短期期待については、期待どおりに実現されるものとおおよそ想定しているのである。それならば、不均衡の原因が労働市場の特異な性格に求められるのは自然の成行きであろう。

第二に、貨幣賃金の硬直性が、あるいはもっとゆるくいってその不完全な伸縮性が労働市場に不均衡をもたらすというケインズの考えを認めるとしても、貨幣賃金はいかにして定まるのかという問題は残されたままである。彼は『一般理論』のなかでわざわざ一章を費やして貨幣賃金の変化を論じてはいる。しかしそれは、主に、「貨幣賃金の変化の諸帰結」にかんするものであって、その諸原因を論じたものとはいえない。そうした議論があるとすれば政策論という形においてである。つまり、貨幣政策をつうじ利子率を引下げることによって投資率を引上げ、それによる労働需要の増大によって完全雇用に近づけるならば貨幣賃金率も上昇するというわけである。しかしこれでは堂々めぐりである。それは、失業が生じるのは貨幣賃金が硬直的だからであり、そして貨幣賃金が硬直的なのは失業があるからであるというにひとしい。結局ケインジアンは、労働組合の交渉力などにもとづいて「貨幣賃金はそれ自身のコースをたどる」というJ・ロビンソンのかなり政治主義的な理解に頼るか、失業率と貨幣賃金変化率との関係にかんするフィリップス・カーヴなるいささか当てにならぬ経験則に依るほかなくなったのである。

第三に、ケインズは資本の限界効率を論じるに際し、投資財からの将来収益にかんするいわゆる長期期待を重視したのであるが、それがいかにして形成されるかは明瞭ではない。それは現在の実績の外挿ではないのはむろんのこと、過去の実績の荷重平均というような（静穏な状態における株価に反映されるような）慣習的計算によるのでもない。なぜなら、彼のいうところによると、

驚くべきことではないが、慣習は、事物をきわめて恣意的に絶対視しているという点で、諸々の弱点をもっている。慣習の頼りなさ、それが、十分な投資を確保しなければならぬという、現代におけるわれわれの問題のうちの決して小さくない部分をつくりだしているのである。〔4〕

時間意識に鋭敏なつまり未来志向の強いケインズにとっては、期待つまりエクスペクテーションとは、その字義どおりに〝外を見晴らす〟ことであって、過去の経験によって拘束され尽すものではない。しかし彼は期待の経済心理学をまったく不十分にしか展開していない。彼

にとってはそれで十分に事態の本質をつかめたのであろうが、後世に残されるには余りに雑駁であった。まして、長期期待は投資の決定因ともいうべきものであり、そして投資はケインズ的体系の起動因であり、さらに投資は貨幣政策（利子率の低下）および財政政策（公共投資の増大）の焦点となるものである。つまり長期期待はもっと綿密に議論されてしかるべき課題であった。長期期待がそれ自身の力学を秘めて形成されるであろうことに異論はないが、その力学を説明するには、経済学の伝統をふみこえなければならない。彼はその素振りを示すところでとどまっているのである。

その結果、たとえば合理的期待形成なる仮説が近年になって登場する始末となっている。経済主体は利用可能な（しかも主として過去の実績にもとづく）情報をすべて用いて、市場の状態を合理的に予測して行動するという考え方である。それによって慣習的計算方法がおおいに高等になったのは確かであるが、ケインズのいう期待とはずいぶん遠去かってしまった。彼が期待という場合には、たとえば長期停滞という悲観や長期繁栄という楽観やといったような、主観的ヴィジョンによって彩られている人間の行為に関心がはらわれていた。今いわれている期待は逆に機械的計算の極致に位置しているのである。そうなった理由の何割かは、ケインズが自分の期待概念に満足のゆく解釈をほどこさなかったことにあると思われる。

そのほかケインズの考えにはいくつもの瑕疵が発見されている。たとえば、投資の問題を重んじたケインズではあったが、彼は投資資金がいかにして供給されるかについては十分な考察を加えなかった。貨幣の需給関係つまり流動性選好と実質貨幣残高の関係で決ってくる利子率で、欲しいだけ投資資金が供給されると彼は考えていたことになる。もし投資資金の調達を考慮に入れるならば、債券市場をもっと表面だてて扱うことが必要になろう。さらには、公共投資の資金を公債発行によって調達するのならば、それにつれて生じる利子率の上昇が民間の投資を抑制するといういわゆるクラウディングアウトについても論じなければならない。しかし、そうした経済学に固有の問題はここでの論題から離れすぎるし、また私自身の得意でもないので、割愛することにする。

確認しておきたいのは、ケインズは、非ユークリッド的と自認するような経済哲学を構想しておきながら、それを的確に表現するのに成功していないということである。そのせいもあって、多くのケインジアンはケインズの思考の数理化や図形化に精出してきた。しかし形式化の質量についてならば、古典派のがわが格段に有利な地歩を占めている。その原子論、その合理論、その機械論そしてその均衡論は、形式化をとことん押し進めるための条件になっているといいたいぐらいのものである。ケインズの二重性の経済哲学を定着させる以外に、ケインジアンに勝目はないのではないか。彼がいくつかの新奇な術語に辛うじて託そうとした哲学的な含意を探る、言い換えればいわばケインズ解釈学というべきものに入ろうとするとき、彼のなした仕事もまた古典派にたいする解釈学として生命を保つのではないかと思われるのである。

期待

ケインズ経済学の精髄は、客観的な法則の宇宙を構築することをもって自らを自然科学に擬そうとしていた経済学の正統的潮流にたいして、期待という主観的の要素をぶつけたところにある。期待要素にたいする関心はいわゆる北欧学派のK・ヴィクセルおよびその後継であるG・ミュルダールなどによって追求されていたのであるから、ケインズが期待理論の嚆矢というわけではない。ただ、経済学の総本山ケムブリッジにおいていわば主観主義の革命を起こしたということ、そしてその革命が、単に経済学という学術的領域にとどまらず、彼の多方面にわたる活動のすべてと共鳴しあうものであるということにおいて、ケインズはやはり屹立している。

期待要素にたいする彼の配慮が『確率論』あたりに源を発していることはもっと注目されてよい。しかも、長期期待をきわめて不安定なものにする不確実なことがらにかんする期待は、通常の確率論でいうところの確からしさの問題とは別次元にあるのだと彼が考えていることは、ケインズの期待理論を解釈する場合、なによりも大事である。彼が未来は不確実だというときには、何が起こるかよく分らないという意味での不確実性、つまり人間の無知にもとづく不確実性である。形式的に記述することが困難で数量的に表現することの不可能な不確実性、ケインズが問題にしたのはそれである。

彼は、論拠《アーギュメンツ》の確からしさ《プロバビリティ》と重さ《ウエイト》とを区別して、不確実性《アンサートウンティ》は後者にぞくするのであり、確からしくない《イムプロバビリティ》こととはちがうとしている。プロバビリティは起こりうる事態の密度《インテンシティー》であり、ウエイトはその質《クオリティ》だというのである。少々難解であるが彼のいうところを聞いてみよう、

重さは確からしさによっては説明されえない。大きな重さをもった論拠は小さな重さの論拠よりも〝より正しいらしい〟ということではない。なぜなら、これらの論拠の確からしさとは、ただ、前提と結論のあいだの諸関係について述べるだけのものであり、そしてこれらの関係はどちらの場合においても等しい正確さで述べられ〔う〕るからである。また、大きな重さをもった論拠は確率誤差が小さいものということでもない。なぜなら、小さな確率誤差というのは、ただ、最も起こりそうな値《マグニチュード》の近傍の諸々の値のものが相対的に高い確からしさをもっているということを意味するにすぎず、そして証拠《エヴィデンス》の増大は必ずしもこれらの確からしさの増大を伴うものではないからである。……

ニッチェ〔統計学者〕は、重さをもって、確からしさの信頼度の測度であるとみなし、そして、

重さが増すにつれて、確からしさはその真の値に絶えず漸近してゆくと考えたのである。〔5〕

私なりの例をあげて重さと確からしさとの区別をいうと次のようなことである。核兵器の誕生という新しい証拠が世界絶滅戦争という論拠に重さを与える。しかし、核の戦争抑止力というのがあるとすれば、確からしさの問題としては、世界戦争は通常兵器の場合よりも遠のいたのかもしれないということである。ともかく、ケインズが不確実性という場合には、いまだ適切《レリヴァント》な証拠がないために、未来を確率的に予測することはむずかしいということである。彼は『一般理論』でいう、

われわれの決意の基礎をなす長期期待の状態は、したがって、単にわれわれのつくりうる最も確からしい予測にのみ依存するのではない。それはまた、われわれがその予測をつくる際に抱く確信《コンフィデンス》に――われわれの最善の予測がまったくの誤りであると分ってしまう可能性をどの程度に大きく見積るかに――依存する。〔たとえば〕もしわれわれが大きな諸変化を予想しても、それらがどんな明確な形をとるかについて不確実であるならば、われわれの確信は弱いものになろう。

繰り返せば彼のいう確信は、通常の確率論的な議論におけるように〝確率分布の分散が小さい〟ということを意味するのではない。むしろ、そうした分布を知るのに必要な適切な情報が不足しているために、確信が揺らぐと考えるのである。いわば未来の〝ウェイト〟は小さいのであり、その情報的に空虚な未来へむけてあえて飛翔もしくは墜落してゆくところに、彼は人間に本来的な活力もしくは危険をみたのである。しかしいずれにせよ、未来に立ちむかうには、なにほどかの確信を必要とする。確信はまずもって現在の経験のなかから生まれるとケインズは考える、

この理由のゆえに、現状の諸事実が、ある意味では不釣合なほどに、われわれの長期期待の形成に入りこんでくる。われわれの通常の慣行は、現状をとりあげて、それを未来に投射することであり、それを修正するのは、変化を期待すべき多少とも明確な理由をもつかぎりにおいてである。……

実際にはわれわれが概して暗黙のうちに同意しているのは、実は慣習《コンヴェンション》にほかならぬもののに頼ろうということである。この慣習の本質は――もちろんそう単純に作用するものではないが――現状の事柄が、変化を期待する特別の理由をわれわれがもつような場合を別として、無限に持続するであろうと仮定するところにある。……〔4〕

しかし、こうした慣習が崩壊しつつあるというのがケインズの時代認識であった。社会においても政治においても文化においても、つまり道徳においても政策においても学芸においても、変化を期待すべき特別の理由があると彼は想念していた。経済もその例外であるはずがない。彼が経済における慣習の潰滅を如実にみてとったのは、いかにも投機の専門家らしく、株式市場においてであった。

今日普及している所有と経営の分離と組織された投資市場の発達とにつれて、きわめて重要なひとつの新しい要因が登場し、それが、時には投資を促進しはするが、しかし時には体系の不安定性をいちじるしく増大させている。〔4〕

慣習の頼りなさが株式市場において典型的に現れてくる原因を、ケインズは大衆の群衆心理に求める。ここに、現代大衆社会が巨大な星雲のごとくうごめきはじめた当時の時代状況と、それにたいする彼の深刻な危惧とを読むことができる。経済体系を不均衡かつ不安定なものとみがちな彼のヴィジョンは、大衆社会にたいする懸念のひとつの派生であるにちがいないのである。彼は『一般理論』の長期期待にかんする章を本題からの「脱線」とよんでいるが、そこにこそ彼の真意が示されているということもできるのである。

慣習的評価は、多数の無知な個人たちによる群衆心理の産物として確立されるものであるが、見込収益には本当はさほど違いをもたらさないような諸要因のせいで世論が急激に振動することの結果として、激甚な変化をこうむりがちである。それは、慣習的評価を信念をもって保持すべき強い根拠がなにもないからである。とくに異常な時代がやってきて、決定的な変化を予想させるようなはっきりした理由はないまでも、現状の事柄が無限につづくという仮説が普段ほど尤もらしくなくなったときには、市場は楽観と悲観の波にさらされることになるのであり、それは考えの足りないことではあるが、考え抜いた計算をするための堅固な基礎が存在しないところでは、ある意味で、道理にかなったことなのである。

古典派の想定していたような静穏な定常状態はとうに過ぎ去ったというのがケインズの感覚であった。大衆の重みによって時代の底が抜けていくという崩落感にもかかわらず、というよりその失墜感のゆえにこそ、彼の知的および行動的な活力が掻き立てられたのであろう。着実な長期期待にしたがって経営と投資に励むようないわゆる〝産業の総帥〟は、資本の流動化つまり株式化によってそれこそ押し流されつつあると彼はみなした。株式市場にも勝れた長期的判断を下せる専門家たちもいるのだが、彼らは、「手っとりばやい金儲け」に専念するかぎり、指導性を発揮できない。彼らにできるのは、たかだか、大衆の群衆心理を見抜き、それに合わせて、一歩先をゆくだけのことである。

平均的な兵卒投資家のものをこえる判断と知識をもった専門玄人筋のあいだの競争が、無知な個人の勝手な気まぐれを是正するだろうと、これまで想像されてきたかもしれない。しかしいま起こっているのは、職業的な投資家および投機家の精力と熟練が主にほかの方面にむけられているということである。というのも、これらの人々の大部分の関心は、実のところ、ある投資の全生涯にわたる見積収益にかんしてより優れた長期予測をつくることではなく、慣習的な評価基準における変化を一般大衆にわずかに先んじて予見することにあるからである。……

かくして職業的投資家は、経験の示すところ市場の群衆心理に非常に大きな影響を与えるような性質の、ニュースや雰囲気における切迫した変化を予想することにかかわるのを余儀なくされているのである。……

今日の最も熟練した投資家の実際の私的な目的は、アメリカ人たちがうまく表現したように、〝合図前にスタートすること〟、群衆を出し抜くこと、そして不良のまたは減価した半ク

ラウン銀貨を他の仲間につかませることにあるのである。〔4〕

この株式市場にかんする描写は、彼の大衆民主主義にかんする疑惑つまり「選挙に勝つためには、つねに、一般にはびこっている激しい感情と嫉妬心に少しばかりは訴えかけざるをえないであろう」という心配と同種のものである。大衆社会にあっては、それが民主主義についてであろうと産業主義についてであろうと、選良の指導性が減退し、大衆に迎合するのが指導者の行動の第一規準となる。長期期待の不安定性とは、ケインズの場合、まずもって大衆社会の無秩序性という観点から把握されていたのである。普通選挙法の拡充と同じく、投資市場の組織化が長期的にはかえって社会の混乱の因になりかねないという民主主義および資本主義の弁証法に彼は気づいていたのである。そのことをよく示しているのは、次のような比喩である、

職業的投資は、競争者たちが一〇〇枚の写真のうちから最も綺麗な容貌のものを六人選びだし、競争者全体の平均的な選好に最も近かったものに賞が与えられるというような新聞紙上の競技になぞらえてもよいであろう。つまり、各競争者は、自分が最も綺麗だと思う容貌ではなくて、他の競争者たちの気まぐれな気持を最もつかまえやすいだろうと思うような容貌を選びだすのであり、その場合、競争者のすべてが問題を同じ観点からみていることにな

るのである。〔4〕

これは大衆行動の平均化・均質化にたいする批判にほかならない。そして、彼より一〇〇年前のド・トックヴィルにも似て、ケインズはアメリカ（とくにニューヨークのウォール街）が大衆社会の代表であると考えていた。

世界における最大の投資市場のひとつであるニューヨークにおいては、投機……の影響は甚大なものである。金融界の外部においてすらアメリカ人たちには、平均的世論がいかなるものであると平均的世論が信じているかを発見するのに、過度の関心をよせる傾向がある。そして、この国民的な弱点は株式市場にその因果応報をみせている。〔4〕

今日ならば、あるいは、ケインズは資本主義の不安定性について過剰な思込みをしていたということになるのかもしれない。大衆は彼の考えていたのよりもずっと利口のようであるし、いわゆる機関投資家が不安定な投機を抑制しているのかもしれない。しかし、長期期待の短期的変動にふりまわされる投機《スペキュレーション》と長期期待をより堅実に組立てようとする企業《エンタプライズ》との区別、すなわちT・ヴェブレンの営利《ビジネス》と産業《インダストリー》との区別につうじる彼の視点は、今でも、たとえば国際的な為替市場の不安定性を説明する重要な要因であろう。

ケインズ自身が、投機よりも深いところに、不安定性の根因を探ろうとしていた。それは、のちにJ・ロビンソンらが最大限に強調したので有名になったのであるが、人間に本来的な血気《アニマル・スピリット》つまり「不活動よりは活動にむかおうとする自生的な衝動」である。

人間本性の特質による不安定性というものが存するのであって、われわれの活動の大なる部分が、道徳的なものにせよ快楽的なものにせよ経済的なものにせよ、数学的期待値〔平均〕よりはむしろ自生的な楽観にもとづいているのである。……もし血気がかすんでしまったり自生的楽観がよろめいたりして、数学的期待値のほかに頼るべきものがなくなるようなことになってしまえば、企業は衰弱し死滅するであろう。……

このことは、不幸にして、景気沈滞や不景気の程度が誇張されるということだけでなく、経済繁栄が、平均的な実業家にとって気持のよくなるような政治的および社会的雰囲気に、過大に依存するということをも意味する。……したがって、投資の見込みを推定するに当っては、その自生的活動に投資が大きく依存するような人たちの、神経過敏とかヒステリーとか、さらには彼らの消化の具合とか天候にたいする反応の調子とかいうものまでをも考慮しなければならないのである。……

将来に影響を及ぼす人間の決意というものは……厳密な数学的期待値には依存しえないのである。なぜなら、そのような計算を行うための根拠が存在しないからである。活動にたいするわれわれの生得的な衝動、それが車輪を回転させるのであり、われわれの合理的なる自己は、できる場合には計算をしはするが、しかししょっちゅう気まぐれとか感情とか偶然とかにその動因を頼らせながら、選択肢のあいだでなしうる最善の選択を行なっている〔にすぎない〕のである。〔4〕

ここまでくれば、ケインズが期待という概念に含ませようとした意味を理解することができるであろう。それは、合理的期待形成などとは別種のものである。将来の確からしさではなく将来の重さ、ケインズにのしかかっていたのはそれである。その重さに堪えかねて彼はいわゆる投資の社会化あるいは計画化に救いを求めた。計画の可能性について彼の楽観が咎めらるべきだとしても、だからといって、合理的期待なる虚構によって彼を撃とうとするのは顚倒である。経済学にとって期待要素は依然として未知のものである。ケインズはその未知のものの恐ろしさだけを指摘するにとどまっていた。その解明のためには、間違いなく、心理学や社会学や政治学やを動員しなければなるまい。そうした仕事をするには、ケインズはあまりに経済学者でありすぎた。『一般理論』を支える最大の礎石が期待要素であるにもかかわらず、彼はそれに雑然として解説をほどこしているにすぎない。ふり返ってみれば、経済学的の思考からみれば、期待要素は礎石であるどころか、爆薬にもひとしい。つまりそれは非経済学的の世界へ大きく開口している。『一般理論』の特筆すべき貢献は、経済学の閉鎖圏に期待という名の裂け目を見出したこと、かくして経済学に尽きせぬ自己不安の種をまいたことだと私は思う。この不安を保ちつづけることができるならば、それだけでも、経済学の前途に期待できるというものであろう。

慣習

少くとも正常な人間ならば、未来の不確実性に身を賭するだけで生きれるはずがない。既知のものとしての過去が社会的諸制度という形をとって不確実性への防壁となり、そのことによってはじめて、人間の行為が少しなりとも落着きをもつことができる。思うに人間の時間意識とは、既知なる事柄から未知なる事柄への流れのなかに自己がいるのだという感覚から生まれるものであろう。期待という時間にかかわる要素も、一般に、この未知と既知との両極性にはさまれている。たとえば、役割期待という社会学方面の概念がよく表わしているように、人間たちの相互行為においては、制度という枠があるために、当事者たちが互いの役割行動を予測し合うことが可能になる。もし行為の制度的側面を慣習とよぶならば、慣習からのまったき自由は病理にぞくするといわなければならない。

投資の問題にかんして、もっと特定化していうと資本の限界効率の見積りにかんして、慣習の頼りなさをあれほど主張したケインズではあったが、彼は同時に、慣習の発揮する力にも無関心ではなかった。不確実性の重さのみならず惰性の重さにも気づいていたということである。それは、たとえば、貨幣賃金の粘着性、労働移動の不完全性、消費性向の恒常性あるいは長期利子率の安定性といったような様々の論点に現れている。ケインズの独創あるいは短絡は、資本の限界効率については不確実性だけを、そして長期利子率については慣習だけを際立たせるというような極端比較にあると思われるのである。

しかし衆知のように、上記の様々の制度的固定性について彼が説得的な議論を展開しているわけではない。その端的な例は、今でも論議のつづいている貨幣賃金の硬直性という仮定であろう。ある箇所を読めば、それはたかだか、〝賃金契約では貨幣賃金が定まるだけであって、実質賃金（つまり一般物価水準）は経済全体の諸力によって決まる〟ということのみを述べているようにみえる。また他の箇所では、〝労働組合の政治的圧力のために、貨幣賃金を切下げるのは困難である〟ということを述べているようにみえる。さらにほかの箇所では、後にJ・R・ヒックスが「公正賃金」という明確な表現を与えたように、〝貨幣賃金は慣習的な正常水準から大きく乖離することはできない〟ということを述べているようにみえる。しかしともかく、貨幣賃金の粘着性にたいするケインズの関心は疑うべくもなく、それは資本の限界効率の変動性にたいする関心と強い対照をなしている。慣習の頼りなさが後者をひきおこしたというのが彼の見解であるから、慣習の頼り甲斐が前者をもたらしたと考えるのが自然であろう。それを裏づけるように、消費性向や長期利子率の安定性については慣習の問題がより明示的に言及されているのである。

人間本性にかんする先験的知識と細かな経験的事実の両方にもとづいて、われわれが大なる確信をもって依拠することのできる基本的心理法則とは、人間は、一般的にまた平均的に、彼らの所得が増加するにつれて、その増大分と同額ではないが、彼らの消費を増加させがちである、ということである。……このことが特にいえるのは短期を見る場合であり、たとえば、いわゆる雇用の周期的振動の場合には、その間、より恒常的な心理的性向と区別されたものとしての習慣には、客観的状況の変化に適応するための十分な時間が与えられないのである。なぜなら、ある人の所得にたいしては、ふつう、その習慣的な生活水準が第一次的の請求権をもつのであり、彼は、実際の所得と習慣的な支出水準とのあいだに見出される差額を貯蓄する傾向にあるのである。〔4〕

また利子率については次のようにいう、

利子率は、高度に心理的なというよりも、高度に慣習的な現象であるという方がおそらくもっと正しいであろう。というのも、その実際の値を大きく支配するのは、それがどのような値になると期待されるかということにかんする流布された見解だからである。十分な信念をもって永続しそうだと認められた利子率は、どんなものであれ、永続するであろう。……完全雇用を備えるのに十分なほどの高水準の有効需要を維持するに当っての諸困難は、慣習的でかなり安定的な長期利子率が気まぐれで高度に不安定な資本の限界効率と結びつくことから生じる、このことは読者には今や明白のはずである。〔4〕

また、これはあまり広く知られていないことであるが、生産要素の企業間および産業間移動性は不完全だと、ケインズは考えていた。すでに『私は自由党員か』のなかで、「自由競争の想定と資本と労働の移動性の想定がみたされるときに生じるような事柄が、今日の経済生活においても実際に起こっていると、大蔵省やイングランド銀行は今なお信じて疑わない」と批判している。『一般理論』においては賃金の問題に関連させて次のようにいう、労働の移動性は不完全であり、そして諸々の賃金は種々の職業における正味の利点を正確に均等化させるような傾向にはないのであるから、どんな個人や諸個人の集まりも、貨幣賃金が他者に比べて引下げられるのに同意するならば、実質賃金の相対的下落をこうむるであろうし、それが彼らにとって貨幣賃金引下げに抵抗する十分に正当な理由となる。

ケインズは不明瞭にしか論じていないが、短期的にみて生産要素が企業のなかに固定される理由のうちの最たるものは、企業が組織であること、つまり組織構成員たちのあいだにおける共通目標が陰伏的にせよ存在し、そして彼らのあいだに役割体系が成立していることにある。通常の経済理論によると、経済において組織が登場しなければならぬ根拠は、市場が情報的に不完全であるという点に求められる。情報費用の節約のために組織が必要になるというわけである。それもさりながら、企業という人的組織は情報という工学的な概念では捉え切れないものである。どんな役割体系においても価値や規範が顕在的もしくは潜在的に共有されていなければならず、そのことをつうじて、組織のなかに公式あるいは非公式の慣習が成立してくる。この慣習のうちには、労働条件や貨幣賃金の正常状態にかんする共通観念もふくまれているはずである。より簡潔にいえば、企業組織の役割体系が長期的に存続するためには、所得の最低保証や勤労の最低条件をはじめとするなんらかの公正観念がなければならない。ケインズの着目した貨幣賃金の粘着性や労働移動の不完全性をよく理解するには、このような慣習にかんする社会学的視点も要求されるのである。

古典派からの真に質的な離反は、個人の合理的行動様式と市場および組織の機械論的均衡という想定を捨てることにある。もっと正確にいえば、それらの想定を包みつつ、しかし古典派の一次元的発想からは距離を保ちながら、経済にたいしてより包括的な洞察を加えることである。直観、思弁、体験そして理屈を適宜に混じえたケインズの散文は、慣習およびそれに関連した諸要素をあちこちにちりばめることをつうじて、こうした洞察への一歩を印そうとしたのだと考えられる。ケインズの体系が不均衡動学への契機をはらんでいるということも、同じ角度から評価さなければなるまい。価格についてであろうが数量についてであろうが、単に市場の調整過定に遅れが伴うということだけでは、古典派とケインズ派の違いはせいぜい程度の問題にとどまろう。古典派といえども、市場価格の瞬時的調整をまさか本気で信じていたわけではないのである。また、あらゆる市場に競売人がいて需給差に応じた価格調整を行なっており、各経済主体は発表された価格に受け身に反応して需給量を決めているというワルラス的な想定も、古典派にとっては単純化の仮定にすぎないであろう。かりに、調整の遅れという要因を取り上げることによって、市場機構の長期的不安定性という結論が導き出されたとしても、どんな調整速度を仮定するのが適当かは実証の問題だということになろう。そして、資本主義体制がまがりなりにも維持されているからには、というより他のいかなる体制よりも良好な経済的成果を挙げているからには、市場の調和的均衡というスミス的ヴィジョンが延命しても不思議ではない。

ケインズ的市場における数量調整それに随伴する不均衡とを重要視するならば、まず、その前提の意味が解釈されていなければならない。価格が硬直的であるという事実のなかにしのびこむ社会的、心理的あるいは政治的の含意が明らかにされていなければならない。企業の内部における、企業と企業のあいだにおける、そして企業と顧客のあいだにおける社会制度的な紐帯はなにほどかの粘着性をもつであろう。そして経済における価格の硬直性はその社会制度の粘着性とけっして無関係ではないであろう。そうだとすれば、ケインズは社会のなかにうめこまれた市場についてむしろ平均的な型を抽出しようとしたのであり、社会から絶縁したものとしての市場を模写しようとした古典派のがわが特殊ケースだということになろう。つまり、彼の洞察をケインジアン・ケースとして脇においやることができなくなる。

慣習は与えられた体系にとっての安定化要因だと一般に考えられている。しかし、市場にとっては必ずしもそうではない。市場は、おそらくは、事態の変化に伸縮的に対応するための制度として発明されたものにちがいないからである。市場の要求する伸縮性と社会的諸制度の必然である粘着性とが衝突するかもしれない。もし静態的な社会であるならば、両者のあいだに遅かれ早かれ平衡がおとずれるであろう。その場合、市場の伸縮性とは、慣習的な枠組によっておおよそ予定されている均衡点の近傍における微調整にすぎないものとなろう。古典派の描いた美しい均衡状態というものも、実は、こうした微調整過程を拡大鏡で眺めてみたものなのである。しかし、近代とくに高度大衆社会としての現代においてはそうはゆかない。絶え間ない変化につれて慣習が動揺し、そのことによって、到達さるべき平衡点が不断に移動する。伸縮性と粘着性との争いが苛烈の度をます。その行末がどうなるか、歴史的決定論をとらぬ限りそれを予言することはできないが、いずれにせよ、市場機構は古典派の思っていたようにはうまく機能しない。ケインズが市場のいわゆる自動調整機能を疑ったのはここにおいてである。

少しばかり極端な例題をあげて、市場の伸縮性と社会的制度の粘着性のあいだの葛藤ぶりを説明してみよう。いま、正常価格あるいは公正価格の観念が、制度的慣習として、まだ残存しているとしよう。その需要（あるいは供給）曲線は上方（あるいは下方）において水平に屈折しがちである。そこで、期待の大きな変動によって両曲線の双方あるいは一方が大きく移動したとすれば、非自発的な超過需要（あるいは供給）が発生する。人々は、慣習を頼りにすることはもはやできぬと察知して、公正観念から離れ、自分一個の効用（あるいは利益）計算にもとづいて需要（あるいは供給）計画を組立て直す。通常のなめらかな需給交叉がえられ、かりに価格調整がはたらくならば、かつての正常あるいは公正価格を上まわる（あるいは下まわる）水準で、めでたく均衡価格が達成されよう。しかしこの均衡価格は慣習を捨てるという犠牲の上に成立っている。市場によっては正常あるいは公正な状態をうることができないのだという不満や不安が人々のあいだに広まる。

しかし、慣習の確立だけでなくその瓦解も貨幣経済にとってほぼ致命的な損傷である。強固な慣習のおかげで未来がまったく確実に分っているならば、貨幣を保有する必要がない。貨幣は単なる流通手段と化してしまい、流通過程の摩擦に対処するだけの貨幣をもっていればそれで十分である。他方、未来がまったく不確実ならば貨幣を保有する意味がない。なぜなら、せっかく保有した貨幣残高が未来においてどんな価値をもつかが分らないからである。ケインズのいった流動性選好はこれら両極端の中間に位置するものである。なにほどかの確実性となにほどかの不確実性、またはいくばくかの慣習といくばくかの変化、つまりは既知と未知との共生において貨幣が機能するのである。

われわれは定常均衡の理論と移動均衡の理論とのあいだに区分線を引いてもよいであろう——後者の理論は、将来にかんする見晴らしの変化が現在の状態に影響を与えることのできるような経済である。というのは、貨幣の重要性は、本質的には、それが現在と将来のあい

だをむすぶ環であるということから出てくるものだからである。〔4〕

貨幣がそのような環となりうる理由は、その流動性打歩が高位安定しているという点にあると彼はいう。流動性打歩《リクウィディティ・プレミアム》（liquidity premium）とは、資産を自由に処分しうる力を手放すことにたいし支払われるべき対価のことである。なぜ貨幣の流動性打歩が高くかつ安定しているのであるか。いわゆる自己利子率にかんする彼の煩雑で混乱した説明を省略していうと、要点は次の点にある、

契約が貨幣額によって取り決められ、そして賃金が通常は貨幣額においていくらか安定的であるという事実は、疑いもなく、貨幣にきわめて高い流動性打歩を付与するのに大きな役割を果たしている。資産を保有する場合、将来債務が満期になったときそれによって決済される〔価値〕標準と同種の標準によるならば、また、それによって測ると将来の生活費が比較的に安定していると期待されるような標準によるならば、その便宜は明白である。……

産出物の価値は、貨幣をもって測る方が、他のどんな財貨で測るよりも、安定的であろうという正常な期待は、もちろん、賃金が貨幣額で取決められるということにではなく、賃金が貨幣額において粘着的であるということに依存している。〔4〕

ここでケインズがいいたいのは、貨幣賃金が粘着的であると、それに応じて（たとえば貨幣賃金に一定割合の利潤を上乗せするいわゆるマーク・アップ方式の価格付けによって）産出物の将来価格も粘着的になるのであり、そうすれば、貨幣を保有することによって将来の危険に備えることの意味が、つまり貨幣を処分して他の財貨に転換する力としての貨幣の流動性打歩が高まるということである。このように、貨幣によって現在と将来を連結してゆく過程で、貨幣賃金の粘着性が扇の要となっているわけである。これは考えてみれば当然のことであって、賃金をふくめ価格がいかようにでも変動しうるのであれば、それは貨幣価値の変動が見込まれるということであり、したがって貨幣によって賃金が支払われるという制度にたいする、さらには貨幣によって債務が決済されるという貨幣制度そのものにたいする信頼が揺らいでしまう。どんな制度も人々の公然もしくは暗黙の信頼のうえに成立つものであり、貨幣制度もその例外ではない。ケインズは、貨幣賃金の粘着性をもってそうした信頼の基盤だとみなしたのである。

ケインズは貨幣賃金の粘着性を説明するにあたって、慣習にまつわる社会学的な検討を納得のゆくような形で展開しているわけではない。たとえば、公正賃金という社会的価値の問題は、貨幣賃金をめぐる慣習の役割を論じる場合に重要な論点になるにちがいないのだが、それについての議論は皆無にひとしい〝賃金の効用は労働の不効用に等しい〟という古典派の第二公準を彼が棄却した論拠は、つきつめれば、公正賃金の観念につよく関係しているはずであるにもかかわらずである。この公準は、労働という人間活動が効用の源泉でもありうるという経験的事実を考えてみればすぐ分るように、馬鹿気たものである。労働の供与にたいし賃金という対価が支払われる理由は、おそらくは、慣習的に公正とみなされている水準の賃金と引換えに労働を供給するという社会的価値に見合った交換行為そのものが、人間にとって意義深いことであるという点にある。しかし彼はこの方向における議論をいささかも深めはしなかった。それどころか、「賃金が貨幣額でもって取決められる場合に粘着的になる傾向をもつのは、貨幣の他の諸特性――とりわけそれを流動的なものにする諸特性――である」というような、循環論法に陥ってすらいる。つまり、貨幣賃金の粘着性のために貨幣の流動性が保証されていると他所ではいっているのに、ここでは貨幣の流動性のゆえに貨幣賃金が粘着的となるといっている。ケインズは慣習への配慮をほのめかしながらも、肝腎の貨幣賃金について慣習のはたす意味を明確にしたとはいえないのである。

しかし、貨幣賃金をおおよそ外生変数とみなすところに、市場機構の根幹を非経済的の要素が支えているのだというケインズの洞察が集中的に現れていることは確かである。その非経済的のものを〝経営者と労働者のあいだの賃金闘争〟とする嫡子ケインジアンの見方はあまりに政治主義的にすぎよう。表面的には、賃金決定における政治の比重が大きくなってきてはいる。

しかし政治もまた、究極においては、制度化されたゲームであり、そのゲームの規則は慣習化することによってはじめて安定をうるものである。労働という商品は、その特殊に人間的性質のために、容易に物化し切ることのできないものである。それを経済という技術的秩序のなかにはめこむためには、役割、規範そして価値の体系が整序されていなければならない。そしてそれらは、大なり小なり、慣習の問題とかかわっている。貨幣は、不確実な未来にむけて人間が企投するための媒体であるとともに、慣習的に確実化された過去によって人間が被投されてもいるということを確認するための媒体でもある。こうした両義性において貨幣経済を解釈する姿勢が、少くともその萌芽が、ケインズにはある。また、そのようにケインズ経済学を解釈することによって、両義性にみちた彼の言論活動と彼の経済学のあいだに一貫性を見出すこともできるのである。

『わが孫たちの経済的可能性』

ケインズ的仮定のすべてでは、消費性向にせよ資本の限界効率にせよ貨幣の流動性にせよ貨幣賃金の粘着性にせよ、経済学だけによっては解釈しつくすことのできぬ難問であった。期待といい慣習といい、文化の次元に属するものである。しかし、経済学の因襲となっている物質主義的の思考様式は、期待や慣習をつうじて現れてくる象徴体系の意味解釈にはなじまぬものである。効用関数とか選択関数とかいう形式は、そうした解釈を避けて通るための工夫だといって過言ではない。それらの形式は、一般に、文化にたいするどんな解釈とも整合的なのである。しかし経済学といえども、人間行為にかんする意味解釈なしにすますわけにはゆかない。そんなことをすれば、〝選ばれたものは択ばれたものだ〟というような無意味な同義反復に終るほかないからである。

経済学がひそかに採用している意味解釈は驚くほど前世紀的なものである。端的にいえば、人間の欲望体系の基礎には物欲があるのであり、文化的あるいは精神的な欲望は第二義的であるとみなされている。社会体系についても同様であり、物質的過程が第一義であって、文化の象徴的過程は社会の表層部分にあるとされる。この素朴な視点は歴史の発展をみる際にも適用されているのであって、物質的欲望から精神的欲望へという欲望の段階的発展説が受け入れられている。こうした時代遅れの人間観や社会観をあけすけに表明するものはそう多くはないのだが、それでも、経済学を独得のイデオロギーたらしめているのはその物質主義的な物の見方にあるといえる。

「ケインズもこのイデオロギーからけっして自由ではなかった。彼が自分の諸仮定に得心のゆく解釈を与えず、そのため反ケインズの跳梁をゆるすことになったひとつの大きな原因は、このイデオロギーから「逃れるための闘い」を成し遂げなかった点にある、と私は思う。もし、物質もまた象徴の一部あるいは一面にほかならぬという見解が打ち立てられていたなら、期待や慣習という象徴の運動にたいしてもっと周到な解釈がほどこされていたであろう。経済は「文明の可能性」つまり文明を可能にする条件であるどころか、文明の現実性にほかならぬということが明らかにされ、そして大衆文明の支柱となりおおせた現代経済にたいする象徴論的な解釈がより前面に押し出され、かくしてケインズ的仮定の意味内容がより実質あるものとなったであろう。

しかし彼は、経済学の全部といわぬまでも重要な一部として、その前提あるいは仮定にたいする解釈学的回路を確立する必要がある、とまでは考えていない。この点において彼は古典派の土俵内にいた。古典派の「諸前提が明確性と一般性に欠けている」と考えたケインズではあったが、その明確性と一般性をいうためには、経済学の土俵外に出なければならぬとする考えには到達していない。多面的な活動と思索に明け暮れた彼のことであるから、思わず知らず、そうした考えの一歩手前まで来てはいた。しかし彼はそれ以上前へ進もうとはしなかった。そうなったについてはいろいろの事由があるのであるが、そのうち見逃しにできないのは、彼の旧態とした欲望論であり、それはとりも直さず、文化のなかに経済をどう位置づけるかということにかんし彼が旧套を脱していなかったことを示している。『わが孫たちの経済的可能性』の

なかでケインズはいっている、

> さて、たしかに、人間の必要は飽くことを知らないようにみえる。しかしその必要は、ふたつの種類に分かれる――われわれが仲間の人間たちの状態にかかわりなく感じるという意味での絶対的必要《アブソリュート・ニーズ》と、その充足によって仲間たちの上に立ち優越感が与えられる場合にかぎって感じるという意味での相対的必要《レラティブ・ニーズ》のふたつである。二番目の種類の必要すなわち優越の欲求を充たすような必要は、実際に、飽くことを知らぬものであろう。なぜならば、全般の水準が高まれば高まるほど、この種の必要はなおいっそう高くなるからである。しかしこのことは、絶対的必要については当てはまらない――この種の必要が十分満たされたため、われわれが非経済的な目的にたいしてよりいっそうの精力をそそぐ道を選ぶようになる時点が、おそらくわれわれの誰もが思っているよりも、ずっと早く到来するであろう。〔6〕

後にガルブレイスの〝豊かな社会〟という概念に結実することになるこの欲望論は、しかし、首肯しえぬものである。文化の象徴世界にあって、絶対的に必需なるものは、個人の生命的必要によってのみ定まるのではない。未開社会の神話的あるいは呪術的な儀式がそうであったように、また現代社会において耐久消費財の様々の〝神器〟が産み出されているように、欲望はつねに象徴的なものであり社会的なものである。必需性なるものは、主に、象徴としての欲望がどれほど社会的に共有される価値となっているかによって決まるのである。また、他者にたいする優越感のための相対的欲望というヴェブレンめいた定義も、ヴェブレンの考えと比べてもはるかに、狭すぎる。ヴェブレンが〝目立った消費《コンスピキュアス・コンサムプション》〟という場合、それは、〝みせびらかしの消費《オステンテイシアス・コンサムプション》〟よりも広い概念である。ヴェブレンは、消費を一個の表象として象徴世界としての社会のなかに現前させていくという活動をさしているのだし、そしてそのような活動を新石器時代以降の文明に共通のことと考えてもいる。

　要するにケインズは、経済問題を彼のいう絶対的必要のなかに封じ込めることによって、経済における精神作用に眼を瞑ったのである。もしそれに眼を開いていたなら、人間精神の産物にほかならぬ役割、規範そして価値が組織、規則そして道徳という姿をとって期待や慣習を形づくっていることに気づいただろう。あるいは、それらの象徴体系の動揺こそが市場の攪乱の淵源なのだと知ったであろう。そのとき、ケインズの加担した経済にたいする政府介入が象徴体系にたいするもうひとつの攪乱の因ともなりかねないことについて、もっと注意深くもなりえたであろう。だが彼にとっての経済とは、精神作用の前段階にあるものとしての物質的過程のことなのであった。

　経済とは総体としての文化の技術的側面のことである。それゆえ、文化のつづく限り、ケインズのいった一〇〇年はおろか一〇〇〇年たとうとも、経済問題が消失するはずがない。そして、経済という側面は政治や社会や（狭義の）文化などの側面と相立依存の関係にあるほかないものである。したがって、他の側面についてなにほどかの理解をもっているのでなければ、経済の側面を解釈するのは困難である。第三章でみたように、ケインズはこのことをよく分っていながら、経済にたいする解釈学を体系的に構築する仕事には手を染めなかった。そのかわりに、イギリスに特有のいくらか常識論めかした散文によって、経済における様々な諸側面の混在を描こうとした。それはそれで、ひとつの有効な表現法でありうるのだが、物質主義イデオロギーから解放されていなかったために、ケインズの試みは中途半端に終らざるをえなかった。

すでに言及したように、彼は、大衆にまで及びつつあったブルジョア的な貨幣愛を激しく嫌悪していた。しかし物神崇拝は、実は、経済学のなかにあったのである。商品という名の物質に姿形もなく含められている象徴的意味の体系をときほぐす作業がなければ、経済学は大衆のフェティシズムに奉仕するひとつのフェティシュとなりかねない。効用、効率、均衡あるいは成長といった多くの経済学的概念がすでにそうしたものになっている。彼の孫の世代にあたる私としては、彼が『わが孫たちの経済的可能性』よりも『わが孫たちの経済学的可能性』を書いてくれればよかった、と思う。経済学の可能性は、それを広大な知識の体系のなかに相対化しながら、経済学それ自身を解釈することをつうじて、大衆社会の巨大な神話となりおおせている産業主義および民主主義の意味を解釈するという方向にあるのではないか。これら両主義を大衆のうえにばらまくについて、経済学のはたした役割がけっして小さくなかったことを思うと、このいわば経済学解釈学はとくに重要である。それは訓話学でないのはむろんのこと、学説史ですらない。大衆の物神崇拝的な通念と経済学の物質主義的な概念とは根本において通じ合っている。したがって、経済学を解釈するというのは大衆社会を解釈するためのひとつの道程なのである。

ケインズはぎりぎりのところまできていたのだと私は思う。彼の経済学を成り立たせている期待や慣習は、そこに非経済学的の諸要素が犇めき合うために、経済学を解体へとむかわせる潜勢力をひめている。しかしその解体は、経済学を解釈学の方向において再建するのに必須の過程である。この方向を黙示した人間としてケインズを読み直すとき、彼の著作群は新たな色調をおびる。本稿において、ふつうは議論されないような彼の経済学以外の論述を追うのに頁を費やしてきたのも、ケインズ解釈にたいし一種の位相転換をはかるためであった。ケインズを乗り越えるということは、新たな衣裳を着せて古典派を復活させることではなく、彼がその前で立ち停った壁を乗り越えること、つまり経済学そのものを乗り越えることなのではないだろうか。彼は、学者としては、経済学者以上のものではなかった。しかし、時代の難局に全面的にかかわった人間としては、経済学者であることを越えていた。ケインズの全貌を見渡すな

ロンドン、ゴードン・スクエアの自宅図書館におけるケインズ（1940年）

ら、彼はすでに経済学の壁を通り抜けていたのだともいえる。いまケインズについて論じようとする場合、もし壁のこちら側のケインズについてならば、それはケインズにたいする葬送曲とならざるをえないであろうが、壁のむこう側のケインズについてならば、行進曲の調子をもたぬでもないのである。

『一般理論』の結語で彼は次のような有名な文句をはいている、

どんな知的な影響も免れていると自ら信じている実際家たちも、すでに亡くなったある経済学者の奴隷であるのが普通である。権威の座にあって空中の声を聞いている狂人たちも、数年前のある三文学者から、彼らの錯乱じみた考えを蒸留している。既得権益の力は、観念による漸次的な侵略にくらべて、途方もなく誇張されていると私は確信する。その侵略は、なるほど即座にではないのだが、ある一定期間の後には功を奏する。……遅かれ早かれ、良くも悪くも危険なのは既得権益ではなくて観念なのである。

ケインズの観念は比較的に早めに普及しはじめたのだが、それは政策の技術学としてであった。そしてその政策体系が、いま、大きな政府をもたらす危険として指弾されている。彼は為政者に錯乱じみた考えを吹きこんだ三文学者だったのだろうか。そうだとする意見が少からずある。しかし、彼の観念が真に危険な所以は、またその危険ゆえに真に示唆的な所以は、鉄壁を誇るかにみえた経済学的な知識の体系に、しかもその基礎に、大きな亀裂を生じさせたことだ、と私は思う。

ケインズのやり残したことが、この亀裂をさらに拡大し、そのことをつうじて経済学を解釈学の一種に変換することにあるとするなら、豊かな社会に棲息するケインズの孫たちは、彼の思ったような「物事のなかに直接のよろこびを見出すことができる人、汗して働くことも紡ぐこともしない野の百合のような人」などでいることはできない。物事を解釈するためのより高次の観念を紡ぎ出すのに汗する仕事が彼らに重くのしかかっている。実際、ケインズ生誕百年祭どころの話ではないのだが、それがケインズの終ったところから出発する必要を確認するのなら、多少の意味があるのかもしれない。ケインズをどうにかくぐり抜けたわれわれとしては、動乱の気配にみちたこの世紀末において、「われわれは毫もケインジアンではない、まったくの超《トランス》ケインジアンなのだ」というべきかと思われる。

引用文献

地の文において著者名や著書名が明記されているものについては、本文において引用文献の番号を付すのをおおよそ省略してある。また、ケインズをめぐる書簡や彼の商業雑誌上の論文については、それらを集録した文献を、それらについて有益な解説が与えられていることと、すでに邦訳がほどこされているものが多いということとの便宜を考えて、引用することにした。なお、引用文の邦訳については既存の訳文をできるだけ生かすようにはしたが、私なりの変更を適宜に加えてある。

〔1〕Keynes.J. M., *The Economic Consequences of the Peace*, 1919,『平和の経済的帰結』早坂忠訳、東洋経済新報社、一九七七年。
〔2〕Keynes, J. M., *A Revision of the Treaty*, 1922,『条約の改正』千田純一訳、同社、同年。
〔3〕Keynes, J. M., A Tract on Monetary Reform, 1923,『貨幣改革論』中内恒夫訳、同社、一九七八年。
〔4〕Keynes, J. M., *The General Theory of Employment, Interest and Money*, 1936.
〔5〕Keynes, J. M., *A Treatise on Probability*, 1921.
〔6〕Keynes, J. M., *Essays in Persuation*, 1931,『説得論集』宮崎義一訳、東洋経済新報社、一九八一年。この論集には、「ロシア管見」「自由放任の終焉」「私は自由党員か」「自由主義と労働党」「クリソルド」

「わが孫たちの経済的可能性」などが収められている。

〔7〕Keynes, J. M., *Essays in Biography*, 1933,『人物評伝』大野忠男訳、同社、一九八〇年。この論集には、「トロッキーのイギリス論」「トーマス・ロバート・マルサス」「アルフレッド・マーシャル」「F・P・ラムゼー」「人間ニュートン」（一九五一年版で追加）、「アインシュタイン」「若き日の信条」などが収められている。

〔8〕Bell, Q., *Bloomsbury*, 1968,『ブルームズベリー・グループ』出淵敬子訳、みすず書房、一九七二年。

〔9〕Harrod, R. E., *The Life of John Maynard Keynes*, 1951,『ケインズ伝』塩野谷九十九訳、東洋経済新報社、一九六七年。

〔10〕Hayek, E. A., *J. M. Keynes*, 1965,『人間ケインズとケインズ革命』雑誌「東洋経済」一九六五年一二月号に寄稿。

〔11〕Johnson, E. S. and Johnson, H. G., *The Shadow of Keynes*, 1978,『ケインズの影』中内恒夫訳、日本経済新聞社、一九八二年。

〔12〕Keynes, M. (ed.), *Essays on John Maynard Keynes*, 1975,『ケインズ――人・学問・活動』佐伯彰一・早坂忠訳、東洋経済新報社、一九七八年。

〔13〕Lekachaman, R., *Keynes' General Theory: Reports of Three Decades*, 1964

〔14〕Moggridge, D., *Keynes*, 1976,『ケインズ』塩野谷祐一訳、東洋経済新報社、一九七九年。なお、この書の

巻末に豊富な参考文献目録が付されていて便利である。
〔15〕Schumpeter, J. A., *The Great Economists*, 1951,『十大経済学者』中山伊知郎・東畑精一監修、日本評論社、一九五二年。
〔16〕Shackle, G. L. S., *Keynesian Kaleidics*, 1974.
〔17〕Skidelsky, R., *The end of the Keynesian Era*, 1977,『ケインズ時代の終焉』中村達也訳、日本経済新聞社、一九七九年。
〔18〕Woolf, L., *Sowing: An Autobiography of the Years 1880-1904*, 1960.
『技術とは何か』(p.134) 邦訳は、『技術とは何か』前田敬作訳、創文社、一九五五年 (Ortega y Gasse, J., *Meditaciön de la tëcnica*, Buenos Aires 1939).

一八八三年　六月五日、イギリス、ケムブリッジ、ハーヴェイ・ロード六番地に生まれる。

一八九七年　イートン・カレッジに入学し、以後四年半のあいだ、学業において様々の賞を受けるとともに、ウォール・ゲームなどのスポーツに励む。

一九〇二年　ケムブリッジ・キングズ・カレッジに入学する。「ユニオン」をはじめとする種々の学生団体に加わり、準秘密結社「ソサエティ」の会員にも選ばれる。

一九〇六年　「文官試験に合格し、インド省に入る。

一九〇八年　『確率論研究』をキングズ・カレッジに提出して不合格になるものの、同カレッジの講師に採用されてインド省を退く。

一九〇九年　『確率論研究』を再提出して合格し、キングズ・カレッジのフェローに選ばれる。『指数の方法』でアダム・スミス賞を受け、そして学生指導のために「経済学クラブ」をつくる。

一九一一年　学会誌『エコノミック・ジャーナル』の編集長となる。自由党の活動にも関わりをもちはじめる。

一九一三年　王立経済学会の書記長となる。『インドの通貨と金融』を公刊。

一九一七年　大蔵省に「A」課を組織して、国際金融問題にたずさわる。

一九一九年　一月、大蔵省首席代表としてパリ講和会議に出席するが、ドイツへの賠償請求をドイツの支払能力に見合ったものにすべしとするケインズ案は受入れられない。六月、講和条約案に同意できず、代表を辞す。このころより為替投機をはじめる。『平和の経済的帰結』を公刊。

一九二一年　生命保険会社や投資信託会社の経営に関与する。『確率論』を公刊。

一九二二年　『条約の改正』を公刊。

一九二三年　自由党の機関誌『ネーション』の取締役会長となり、同誌への定期寄稿をはじめる。『貨幣改革論』を公刊。

一九二五年　小冊子『チャーチル氏の経済的帰結』を公刊。リディア・ロポコーヴァと結婚し、二人でロシアを訪問した後で、小冊子『ロシア管見』を公刊。

一九二六年　小冊子『自由放任の終焉』を公刊。

一九二九年　小冊子『ロイド・ジョージはそれをなしうるか』を公刊。

一九三〇年　政府の常設機関である「経済諮問会議」の委員に就任する。『貨幣論』を公刊。

一九三一年　『説得論集』を公刊。

一九三三年　小冊子『繁栄への道』と『人物評伝』を公刊。

一九三六年　『雇用、利子および貨幣の一般理論』を公刊。ケムブリッジに「アート・シアター」を設立する。
一九三七年　心臓病の発作におそわれる。
一九四〇年　小冊子『戦費調達論』を公刊。
一九四一年　ワシントンにおもむいて「武器貸与」問題などの交渉にあたる。
一九四三年　ブレトン・ウッズ会議のための予備会議において、アメリカ代表ホワイトと激しくわたりあうが、ケインズ案は敗北する。
一九四四年　ブレトン・ウッズ会議の途中で心臓病の発作に見舞われる。
一九四六年　サヴァナにおける「国際通貨基金」および「世界銀行」の創立総会に出席する。ワシントンへの車中で心臓病の発作におそわれる。帰国後も多忙な公務の日々を送る。ティルトンの農場に滞在中、四月二一日朝、心臓病の発作で永眠。行年六二歳。

あとがき

もう四年以上もまえのことになるが、私は、ケムブリッジから八マイルほど離れたフォックストンという村に一年近く暮していたことがある。それは、静かな美しい村という月並みの表現にたよるほかないような、典型的な英国の田舎であった。怠惰な私は、自分の所属しているケムブリッジ大学にはほとんど顔を出さなかった。私にとってのケムブリッジは、妻と一緒に週一、二度、日常品を購入しにバスででかける場所にすぎなかった。フォックストンの温和な静寂のなかにふかく沈みこんでしまった私にも、都会の喧噪をあえぐように欲しいと思うときもあるにはあった。しかしそんな場合の私は、まず自分以外には乗客のいない、なかば崩れかかったフォックストン駅で、ロンドン行きの列車を待っているのであった。そのころの私にケインズにたいする特別の関心があったわけではない。むしろ、華麗に装われたかにみえる彼の人生が私には鬱陶しい代物にみえつづけていた。だから私は、ケムブリッジのハーヴェイ・ロードにもロンドンのブルームズベリー地区にもいったことがない。庭に小さなテーブルをはこびだし、花々を眺め鳥の声をききながら、紅茶をのみ本をよんでいるうちに、私の英国滞在はすぎてしまった。

だが停滞した私の生活にも、〝イギリス的〟なるなにものかが、じわじわとしみこんできていたらしい。それを保守的懐疑の姿勢とよぶか、経験論の視点とよぶか、それとも良識の立場とよぶかはともかくとして、英国流に身をひたすことによってえられる落着き、それがなによりも有難かった。

英国流がコモン・ストリームつまり〝ありふれた小川〟となって、フォックストン村にまでとどいていた。その流れのさらさらと流れる音が私の耳を已むことなく打ちつづけていた。あとでケインズを読み直してみたとき、あの賑々しい彼の人生の奥底に、やはり、英国的精神のコモン・ストリームが、少くともそれへの強い思いが、流れていたのだと思われはじめた。その行為は激しく飛躍し、その言説は飛沫となって散ったのだとしても、かつては英国の平地に縦横に走っていたというコモン・ストリームのなかで、ケインズは生まれ、そしてそこへ帰還しようとしていたのではないだろうか。

『ザ・コモン・ストリーム』という本がある。ほかでもない、フォックストン村に在住のロウランド・パーカー老の手になるもので、ローマ時代から現代におよぶフォックストン村の歴史が叙述されている。その一三〇頁めに、私の住んでいたコッテジのペン画がのっている。一五七五年以来の歴史をもつこの古びたコッテジでの、あの懶惰な一年間がなかったならば、ケインズはついに私と無縁におわったのだろうか。そう思えば、彼を支えたはずの英国思想の

コモン・ストリームを象徴するよすがとして、パーカー氏には事後承諾をうる予定で、そのペン画をここに再録してみたくなる。私のケインズ論が学術的詮索というよりも英国への一種の旅なのだ、ということを理解していただけた読者ならば、本書の性格がこのコッテジの姿に一脈通じているだろうことに免じて、この変なあとがきの存在を寛恕してくれるだろう、と期待したい。

一九八三年三月八日

著者

解説　1

理論と実践の間――西部邁『ケインズ』について――

中野剛志

「マージナル・マン」

ケインズについて、筆者は両義的な感情をいだいてきた。実践においては経済官僚として歴史の舞台で大役を演じ、理論においては経済学に革命を起こし、一学派を築いたケインズは、某官庁で（ケインズが言ったところの）「死ぬような」生活を送っている筆者にとっては、まさにヒーローなのである。にもかかわらず、筆者は、主著の『雇用、利子及び貨幣の一般理論』と数編の小論を読んだだけで、ケインズには意識的に近づかないようにしてきた。ケインズに関する本格的な研究書についても、今回、この解説を書くために、本書『ケインズ』を読んだのが初めてである。

筆者がケインズを避けてきたのは、八〇年代の「ケインズの死」を鵜呑みにしたからではない。ケインズに近づかなかった理由の一つは、その著作の殆どが、時事評論や政策提言であるからである。そのため、当時の歴史的背景を十分に理解した上で、その膨大な著作をかなり読み込まなければ、ケインズの片言隻句を拡大解釈するという過ちを犯す。現に、ケインズは様々な誤解を受け続けてきた。しかし、ケインズ研究に没頭する時間的余裕も力量も筆者にはないのである。

もう一つの理由は、ケインズの政治性である。政治的手腕に長けたケンブリッジ出身の選良というのは、交渉下手の日本人からすれば、それだけで取っ付きにくい連中だが、特にケインズほどの大物になると、面妖な化け物のようにすら感じる。しかも彼の著作の多くは、政治的意図を込めたパンフレットなのだから、扱いづらい。ケインズの研究書ですらも、ケインズの複雑さに重ねて、研究者のバイアスがかかってかえって混乱するのではないか、などと警戒してしまうのである。今回、本書を手に取ったときも、何か不安な気がしたものだ。

しかし、本書は、筆者がケインズを忌避してきた最大の理由をよく分からせてくれた。筆者は、ケインズが真の選良たらんとして、「理論」と「実践」の平衡という試練を自らに課したことを畏怖していたのである。

偉大な人物ほど、凡人から見るとアンビヴァレントで、パラドクシカルである。それゆえ誤解されやすい。良き解釈とは、偉大な人物の一見矛盾する二つの像に対し、その二つを矛盾なく説明できる、「楕円」の実像を探り当てる弁証法的営為である。これに対し、悪しき解釈とは、二つの像のうち、一方だけを誇張し、他方を捨象することである。あるいは、二つの像の存在を指摘はするが、それを矛盾とか限界といった評価で片付け、その二つを包括する大きな「楕円」の実像があることには思いも寄らないような軽薄な誤解のことである。

また、良き解釈とは、解釈の対象となっている人物像と、解釈の主体である自己を融合させ、客観と主観の両方を包括するような、より大きな第三の像を照らし出すことである。これに対し、悪しき解釈とは、解釈の対象を自己の主観によって歪め、自己の矮小な主観に収まらない大きさを排除してしまうことである。

その思想の偉大さと性格の複雑さのために、そしてとりわけ良き解釈者に恵まれない経済学という学問分野にあるために、ケインズほど、悪しき解釈の被害にあってきた人物も少ない。しかし、西部邁氏という良き解釈者は、その複雑な相貌を単純化することなく複雑なまま、にもかかわらず明解な「楕円」として描き出したのである。

『思想の英雄達』（文藝春秋）そして『福澤諭吉』（同）といった著作に触れ、筆者は、かねてより、氏を当代随一の解釈者だと思ってきた。その解釈力の凄さは、偉大な人物の様々な側面を膨大な文献を読み込んで精緻に分析し、その一面しか捉えない既存の解釈を他の側面を指摘することで反証するだけでなく、その複数の側面を矛盾することなく包括する総合的な全体像を提示し、さらに恐るべきことには、それが西部氏自身の思想と融合している、というところにある。氏の知識人としての履歴としては前期の作品に当たる本書にも、その解釈力は遺憾なく発揮されている。

西部解釈学を特徴付けるのは、「マージナル・マン（境界人）」の概念である（『福澤諭吉』を参照せよ）。本書においても、ケインズは、典型的なマージナル・マンとして描き出される。

「つねに時代の中心に姿を現したにもかかわらず、彼はマージナル・マンつまり境界人であった。理論と実践、学問と芸術、世俗と超俗、道徳と背徳、その他あれこれの境界線上を彼は足早に駆け抜けていった。むろん人は誰しも、そんなふうな生き方をするものではある。しかし、生の両義性をケインズほどみごとに体現した人も少ない。市井の人々が平凡な生活の裏にひそかに隠している心理の葛藤劇を、ケインズは歴史の大舞台の上で演じた。」（本文14〜15頁）

生の本質とは、両義性や二重性の境界線上の綱渡りであり、それは誰もが日常生活において直面している緊張である。例えば「道徳」に固執すれば窮屈であり、「背徳」に傾けば破滅が待っている。「道徳」と「背徳」の間の平衡を模索する努力が、活力を生み出す。そのような平衡の努力を人並み外れたレベルにおいて行い、超人的な活力を発揮する人物が偉人である。あるいは、両義性の境界線に進んで身を置き、あえてマージナル・マンとなるのが「思想の英雄」である。

偉人を「マージナル・マン」として理解する視点を得ることができれば、その偉大な思想を解読する手がかりが得られる。どのような両義の「横軸」で平衡をとろうとしていたのかを明らかにし、その平衡の基準である「縦軸」が何かを特定することを意識しつつ、読み進めることが可能となるのである。筆者自身、西部氏からこの「マージナル・マン」という示唆を得たおかげで、難解と言われる思想に親しむことが多少ともできるようになった。しかし、ケインズ級の「マージナル・モンスター」となると、俄か仕込みの解釈学ではどうにも手に負えない。自ら「マージナル・マン」の経験をもっと積まなければ、ケインズにシンパシーを覚えて理解に至るというレベルには達しないのである。

西部氏が描き出した「マージナル・モンスター」ケインズの相貌について、ここでその全てを要約することは敢えてしない。その代わり、残りの後半では、ケインズ研究上、重要と思われる本書のケインズ批判を発展させる形で、本書ではあまり触れられなかったケインズとその師アルフレッド・マーシャルとの関係について、簡単に論じてみたい。

マーシャルとケインズの間

本書は、ケインズが境界線上で平衡を逸した点、すなわちケインズの限界について、彼の政治論と経済論において、極めて興味深い洞察を示している。

まず、政治論においては、ケインズは、選良主義と大衆民主主義の境界線上にあって、「知的貴族」でありながら敢えて大衆の中に入っていくという微妙な二面作戦をとっていた。

「ケインズという人間の面白さは、ほとんど軽率に近い大胆さをもって、別の途を歩んだ点にある。つまり旧制度の門戸を自ら開けて、大衆の軍隊の真近にまで歩み寄り、そして大衆を批判しつつ大衆のために獅子吼したのである。」(161頁)

しかし、ケインズは大衆の危険性を過小評価していたがために、そして「彼の多様な活動も結局は経済への求心力によって統べられており、さらにその〝新しい経済学〟も結局は経済学の伝統を大きく踏み出るものではなかった」(163頁)ために、この二面作戦は失敗に終わる。ケインズは本質的に「経済学者」であった。すなわち、「彼は、物質的に豊かになることを文明の条件として無批判に肯定してかかったせいで、経済と道徳、習俗、慣習あるいはイデオロギーとの関係をきちんと解釈することを怠り、経済学を文明の可能性を保証するための政策技術に偏倚させることになったのである。」(86頁)その結果として、ケインズは、図らずも、自らの信条たる「精神の貴族性」を蹂躙する大衆を招きいれることに手を貸してしまうのである。

この経済に関する政治を、物質的豊かさのための技術に還元してしまう傾向は、彼の経済論における限界に呼応している。

「しかし彼は、経済学の全部といわぬまでも重要な一部として、その前提あるいは過程に対する解釈学的回路を確立する必要がある、とまでは考えていない。この点において彼は古典派の土俵内にいた。(中略）要するにケインズは、経済問題を彼のいう絶対的必要のなかに封じ込めることによって、経済における精神作用に目を瞑ったのである。」（203〜204頁）

確かにケインズは、古典派に対する革命を標榜しながら、基本的には古典派の枠内に留まっていたのだ。とりわけ、主著『雇用、利子及び貨幣の一般理論』が、「一般理論」を目指していながら、一般理論化の方法論を十分に展開していない点は、その証左として注意を払っておくべきだろう。新たな学問体系を打ち立てようとするなら、その基盤となる新たな方法論の構築から取りかからねばならない。しかし、最初の「非ユークリッド派」を自負しているにもかかわらず、ケインズはまとまった経済学の方法論を展開しなかった。若い頃、認識論に関心が高かったことや、父ネヴィルの主著が経済学の方法論であったことを考えると、それはなおさら奇妙である。しかし、西部氏は、ケインズが既存の経済学を解体し、解釈学の方向において再建する方向性を暗示していたと指摘する。そして、その暗示を出発点としてケインズを乗り越え、「解釈学的経済学」を構想することを後世の課題として設定するのである。

しかし、筆者の考えでは、この「解釈学的経済学」は、実は、ケインズ以後に現われるべき「新しい経済学」ではない。それは、ケインズ以前に、しかもケインズの目の前に現れつつあったのである。他でもない、ケインズを経済学に導いたマーシャルの経済学がそれである。

一般にマーシャルは、限界効用の概念と均衡分析を導入したことで、古典派経済学の数理化・抽象化を極端に推し進めた「新古典派」の創設者の一人として記録されている。そしてケインズは、マーシャルを古典派経済学者の一人として批判し、自分が新しい経済学を構築したと宣言したのである。

しかし、マーシャルが構想した経済学は、実は、古典派や新古典派とは、特に方法論的に全く異質のものであった。マーシャルは、カント、ヘーゲル、そしてドイツ歴史学派に多大な影響を受け、帰納法と演繹法の相互作用を重視し、「全ては一つの中に、一つは全ての中に」という弁証法をモットーに、経済現象を解釈しようとしたのである。彼は、経済活動を物質的欲求の実現として捉える経済観を批判し、「経済人」ではなく、「社会的存在としての人間の経済的側面」を把握するために、その方法論を確立した。そして、新古典派経済学とは逆に、経済学に数学を導入することを拒否した（主著『経済学原理』において図表は、脚注で扱われるのみである）。それは、経済学は抽象論理ではなく、コモンセンスに基づくべきという彼の信念によるものであった。ついでに付け加えれば、彼の文体は、英国の伝統である「散文的健全性」のお手本とでも言うべきものであった。解釈学的経済学への道は、既にマーシャルによって示されていたのである。しかも、こうしたマーシャルの解釈学的方法論は、ケインズの場合と異なり、彼の著作を隅々まで読み込まなくても、主著『経済学原理』の第一巻に、詳しくかつ明解に書いてあるのである。

マーシャルが市場均衡理論を経済分析の中核としていたのは事実である。しかし他方で、彼は不均衡理論をおそらく最初に展開した経済学者であり、しかも市場の不均衡を例外ではなく、産業資本主義における常態とみなしていた。また、経済における制度や組織の役割に注目し、生物学の「進化」の概念を参照することで、経済分析を静学から動学へと転換しようとした。国家について言えば、古典派の自由放任や夜警国家論を批判し、むしろ社会主義に共感を示し、経済を方向付けるという国家の役割を重視した。さらに、ケインズにおいては明示的ではなかった経済の歴史的変化の研究については、『産業貿易論』という大著を物し、その中で、ケインズが見逃していた技術や知識、そして人的資本の重要性を強調したのである。つまり時系列の前後を無視して言えば、ケインズを乗り越えたのは、彼の師マーシャルなのだ。マーシャルこそ、真に「非ユークリッド的」であった。少なくともその可能性はあったのである。

にもかかわらず、ケインズの『一般理論』がマーシャルの『経済学原理』よりはるかに大きな成功を収めたのは何故か。それは、ケインズ経済学の方が理論的に革命的であったからではない。その逆に、本書が指摘するように、ケインズの経済哲学が「古典派経済学」の物質主義により近く、それゆえに（オルテガにならって、専門人を含む）大衆にとって、より受け入れやすいものだったからではないだろうか。

そう考えると、経済学の発展にとって、マーシャルを「古典派経済学者」に矮小化し、「マーシャル殺し」を行ったケインズの罪は重いと言わざるを得ない。ケインズがマーシャルを誤解していたのか、それとも意図的に師を抹殺したのかは分からない。しかし、西部氏の大衆社会論を敷衍して言えば、大衆の中に入ることで喝采を浴びたケインズは、今日、大衆の手によって殺されたのである。もちろん、本書が指摘するように、ケインズは単に大衆に迎合したのではなく、知的貴族として大衆を嫌悪し、批判していたのであり、またその経済学には、偉大な知的貢献も数多くあった。しかし師を殺して手に入れた成功の代償は高くついたのである。

マーシャルもケインズも「理論」と「実践」の境界線上の「マージナル・マン」ではあるのだが、思索的なマーシャルは明らかに「理論」に傾斜し、活動的なケインズは「実践」により力点を置いた。「理論」と「実践」を平衡させるためには、マーシャルとケインズのいずれの生き方を選びとるべきであろうか。本書は大衆の中に敢えて飛び込んだケインズの二面作戦を高く評価している。だが、ケインズが払った成功の代償のことを考えると、「死ぬようなもの」であったとしても大学に留まって、哲学的により確かな方法論と学問体系を残したマーシャルの方が、いずれ再発見が行われ、長期的には、より高い評価を受けるようになるのではないかという気もするのである。そう言われたら、ケインズは「長期的には、みな死んでしまうのだ」と応じたかもしれないが。しかし、とりあえずは、「理論」と「実践」の平衡の最適解は、マーシャルとケインズの間のどこかにあると言えそうだ。

いずれにせよ、理論が専門主義に流れ、実践が技術主義に堕落した現代にあって、「理論」と「実践」の平衡という試練を敢えて自らに課そうとする時代錯誤の「知的貴族」志願者は、理論家であれ実践家であれ、本書からいくつもの貴重なヒントと多大なインスピレーションを得ることができるだろう。

解説 2

西部邁『ケインズ』の頃——若き日の心情——

佐伯啓思

本書の解説を書くことは、私には、どうしても回想の趣を伴う。西部邁氏の『ケインズ』は、私にとっては「あの時代」と切り離せないし、今回、再読してその思いをいっそう強くした。それは、ただ私が、性格分類上のメランコリーに傾く、つまり過ぎ去った時間の喪失感へと傾斜する、という個人的な傾きをもっているからだけではなく、この書物が、ひとつの時代としての「あの頃」と決して切り離せないからであろう。

もちろん、それが、この書物が「あの時代」の産物であって、もはや回想の次元でしか今日的意味をもたない、などということを意味するものでは全くないことは、特にことわるまでもなかろう。それどころか、今日、改めて多くの読者にぜひこの書物を手にとってもらいたいと思う。それだけの今日的な意義を依然として内包した書物なのである。

だが、それにもかかわらず、この書物が「あの時代」と不可分だというのは、たとえば、この書物以降、経済学研究者向けのごく少数の専門書は別として、ケインズについての一般読者向けの書物などほとんど書かれなくなってしまったということ、ましてや、思想家ケインズなどという視点でケインズを論じる者などほとんどいなくなってしまった、という事実からも明らかだろう。

だが「あの頃」、本書は、きわめて斬新で独特で類のないものではあったものの、その時代背景や社会的気分に照らせば、決して場違いなものでもなければ、特異な書物というわけでもなかった。独自の方法と思想をもった西部邁という新進の社会科学者、社会思想家が思想家としてのケインズを論じることは至極当然であり、その時代の思想的な布置においても、社会科学のバランスにおいても、むしろ不可欠なことであった。多くのものがそう考えていたし、事実、本書は、この多くの者の期待を決して裏切ることなく、いやそのいかなる期待をもしのぐ仕方で、しかしごく自然にわれわれの眼の前に届けられたのであった。今日では少々想像しがたいことなのであるが、本書が岩波書店の新しい「二〇世紀思想家文庫」というシリーズにおさまっていることなど誰も特に不思議だとも思わなかったわけである。

一九八三年という本書が出版された日付は、今から思えば、日本の知的な文化の、もっと大きくいえば日本という社会の大きな変わり目であった。つまり、本書の出版は、ちょうど新しく押し寄せてきつつあった「何ものか」の前夜にあたり、その予兆と、過ぎ去りつつある何かの狭間で多くの試行錯誤がなされていた時代であった。

岩波書店から出ていた『ケインズ』の巻末には当時の岩波の本の広告があるが、そこには山口昌男、中村雄二郎、丸山圭三郎といった名前が並び、栗本慎一郎の名前も見える。要するに、この少し後に『へるめす』なる思想のファッション化に大いに貢献する雑誌を出版する岩波書店や、フランスの新たな思潮を次々と紹介していた雑誌『現代思想』を中心に、いわゆるポスト・モダンと呼ばれる思想的ムーブメントが始まった頃であった。この新たな思潮の象徴ともなった中沢新一の『チベットのモーツアルト』も浅田彰の『構造と力』も本書と同じ八三年であった。これは、思想的にいえば旧来のマルクス的左翼主義・進歩主義の終わり、学問的にいえば従来の専門主義、狭い意味でのアカデミズムの終焉を意味し、それに代わって、いわゆるポスト・モダニストによる知識のファッション化、商業化が一気に推し進められるまさにその時期なのであった。

しかも、この時代は、社会、経済的にいってもまさに時代の舞台が大きく転換しようとしていた矢先であり、日本の経済力が世界でも突出した地点まで到達するその前夜であった。一人当たりのGDPがアメリカを追い抜くのが八五年であり、バブル経済がまさに始まろうとしていた。

ポスト・モダンの知識・文化の商業化、大衆化、コマーシャライゼーションとは、こうした日本の経済的突出とバブル化と手を結び合っていたのである。

そして、さらにいえば、ちょうどこの頃、アメリカ、イギリス、そして日本においても、戦後経済をリードしてきたケインズ主義が失効し、それにかわって、市場経済万能を説く新自由主義が大学および官庁のエコノミストの政策を占拠し始めていたのであった。

西部邁氏の『ケインズ』が現れたのはちょうど、こうした時期だったのである。この時代の日本の知的文化の配置という表層においてみれば、西部氏の位置は、いささか特異なものであったと思う。新進の経済学者としては、『ソシオ・エコノミックス』（七五年）に引き続き独特の経済理論や社会・経済哲学の仕事を依然として期待されており、「新たな知の担い手」としてはポスト・モダニストと並置されていた。また、すでに評論活動へと舞台を移しつつあった氏の表象は、きわめて硬質の文明批評家ということであった。言ってみれば、和製のヴェブレンである。そして、『ケインズ』は、まさしくこのような知的文化の中に投ぜられた。多くの人が、ここにそれぞれの期待を読み込み、そして満足したのである。

だが、著者自身がすでにはるかに遠くまで行っていたことは、今となっては明らかであろう。ここで氏は、多くの者の期待をはるかに先んじる地点まですでに来ていたようである。だが、当時、そのことに気づいていた者はほとんどいなかったのではなかろうか。

その後の氏の歩みを見れば、それらの期待がいかに浅はかだったかがよくわかる。この時、すでに氏は、いかなる意味でも経済学の仕事など継続する関心は微塵も持っていなかったし、「新しい知」の仕掛け人であるポスト・モダニストなどにはほとんど一片の共感ももっていなかった。文明評論家としての表象は、まだしも氏の「その後」にもっとも寄り添ってはいるが、それでもとてもヴェブレンではなかった。「真の保守主義」を公然と標榜し、一方で、西欧思想史にのっとった保守思想論を唱えると同時に、他方で、リクルート問題から天皇制論にいたる時事的課題をめぐるあまりに具体的な論争に介入するというその後の「評論家・西部邁」の姿をこの時期に想像するのは難しい。

だが、よく読めば、まさにこの『ケインズ』には、それを予感させるものがある。『ケインズ』は、西部氏にあっては、ひとつのけじめであると同時に、彼自身の知識人としての新たな方向へ向けた模索という意味で、確かに転機をしるすものとなっている。そして繰り返すが、西部氏の個人史におけるこの転機が、戦後日本社会の時代的転機とちょうど重なり合っていたところに、この書物の独特の意味がある。

実は、私は、今回、この解説を書くまで、本書が出版されたのはもっと以前だと思っていた。一九八三年というと、私自身は、滋賀大学という地方大学にあって、めったに上京する用事もなく、めったに氏と会うこともなく、ゆっくりと話す機会もなかったはずである。西部氏は、私が大学院生のときの事実上の指導教官のようなもので（というのも、当時の東大の経済の大学院では指導教官という制度がなかったから）、一時期、一年あまりであるが、われわれ数名の大学院生は、少なくとも週に一、二度は、本郷近くのおでん屋や御茶ノ水のパブで、氏とともに深夜、もしくは明け方まで数時間におよぶ議論を続行するという生活をしていた。もっともこの数時間の濃密な会話をリードしていたのは常に西部氏であったが。

その後、西部氏は、二年にわたるアメリカ（カリフォルニア）とイギリス（ケンブリッジ）への在外研究に赴かれ、私はといえば、その間、濃密な議論の反動とアルバイトのおかげで、ほとんど知的無気力な生活を送っていた。おまけに職を得ようといくつか応募してみた大学公募もことごとく断られ、将来の何の展望も見出しえない日々であった。西部氏がイギリスから帰国されたのは一九七八年暮れか七九年の初頭のころであったと思う。私は、この年の四月から、幸運にもようやく公募で拾ってもらった広島修道大学という地方大学に赴任することとなっており、帰国直後の西部氏と、少なくとも、二、三回はお会いしたことは間違いない。だがその後は、ほとんどめったにお会いすることもなくなっていたのである。『ケインズ』は、こうした中で、氏の帰国後四年ほどたってから出版されたものであった。

にもかかわらず、私がこの書物の出版がもっと早かっただろう、という誤った記憶を持っていたのは、まさしく、この書物が、氏のイギリス 体験の産物であり、コンパクトではあるものの、氏の社会哲学の総決算であったからだと思う。イギリス帰国直後、私は、氏から、イギリスに深く安定した様態で根付いている保守主義というものについて、そして、最後のヴィクトリアンとしてのケインズの中にあった「人文主義的伝統」について聞いている。カリフォルニアとケンブリッジというあまりに対照的な場所の経験がいかに氏のその後の思想において決定的な意味をもったかは、帰国直後から明らかであった。おそらく、そのことが私の脳裏にあったために、この書物が帰国後きわめて早い時期に書かれたと思ってしまったのだろう。

ケインズについて論じるのは、氏にとって決して始めてのことではなかった。ケインズ経済学そのものは、まだ「新進経済学者」であったころ、すでに十分になじみのあったものであろうし、それは別にしても、イギリス体験を色濃く反映したケインズ論は、一九八二年の雑誌『中央公論』三月号に「ケインズ墓碑銘」

として発表され、すでに評判を呼んでいた。その後同論文は、続いて『中央公論』に発表された「ヴェブレン黙示録」などとともに、やはり八三年に、本書よりも一月ほど早く『経済倫理学序説』として一書にまとめられている。この書物もまた、経済学者という衣装をまといながら、イギリス体験を色濃く反映した文明批評であり、社会哲学であった。したがって、本書『ケインズ』は、アメリカ体験を描いた『蜃気楼の中へ』と、『経済倫理学序説』とともに、著者の英米体験の産物であり、あえていえば、社会科学者としての最後の仕事だったと見ることもできる。

本書の内容について、私があれこれ解説を述べる必要もなかろう。本書のもつ独自の価値は、本書を少しでも読めば、まがうことなく伝わってくるからである。目の前にいる人物であろうと、歴史上の人物であろうと、その人物の人生や経験の本質を的確な想像力を伴って吟味しつつ、その生をいわば一本の物語りとして了解する、そして、その背後にある思想やそれをうみだした状況を、独自の評価を交えながら読み解くという点で、氏は常にたぐい稀な能力を発揮する。したがって、本書の第一章「個人史」と第二章「価値観」を一読するだけでも、十分にケインズという人物の本質が伝わってくるのも当然であろう。

いうまでもなく、本書の大きな特質は、経済学者としてのケインズというよりも、二〇世紀初頭のイギリス・エリートの典型であり、かつ異種でもあった知識人ケインズ像を、ヴィクトリア末期の雰囲気を依然保持しながらも、急速に大衆社会化するイギリスという時代背景のもとに描きだす点にあった。そして、確かに、エリートに属しながらも俗物的エリートを嫌い、自由主義者でありながら経済計画を導入し、ブルームズベリー・グループに属しながらもその中での異端であり、理論的でありながら現実に深く関わり、伝統や因習の強い批判者でありながらも伝統から十分に養分を得ていたという、ケインズのさまざまな二面性を、本書は見事に描き出している。

ケインズの社会哲学、特に、功利主義に対する彼の批判と、ムーア哲学の受容の意味、論文「若き日の信条」に描かれたブルームズベリー批判の読解や、初期の書物である『確率論』を取り上げて、ケインズの経済学を支える社会哲学を主題化しようという試みは、本国のイギリスでも八〇年代の後半からようやく出現するのであり、本書は、それに先駆けている。ケインズが学生時代に書いたといわれるバーク論やいわゆるケインズ・ペーパーが一般に触れられるようになるのは本書よりもっと後だし、「ケインズ全集」に膨大な書簡や講演録などが収録されて出版されるものこの頃からである。『確率論』を重視したオドンネルのケインズ研究は一九八九年であり、スキデルスキーの詳細にわたるケインズ評伝の第一巻がやはり八三年の刊行である。

この膨大な資料と研究の蓄積の上に、今日、ケインズに関心を持つものは、当然のことのように、ケインズの社会哲学に関心をもち、社会哲学と経済学の関係を論じようとする。しかし、まさにその関心を基調においてケインズ像を描き出したのは、本書をもって嚆矢とする。むろん、資料的な意味では、今日、はるかに緻密なケインズ研究者がかかれているとしても、その基本的なケインズ像として、本書以上に説得的なものを見出すことは難しいであろう。

特にその経済論の解釈において、不確定な将来へ向けた期待の不安定性が市場経済を撹乱するとし、その背後では、本来それを安定化すべき社会的慣習の崩壊が、この大衆化状況の中で生じているとする氏の考えは、まさにケインズ経済学の核心であった。だがそれさえも、当時、経済学者によって指摘されることはほとんどなかったのである。未来に対する不確定性とその社会の歴史性を反映した習慣の拮抗のうちに市場経済の基底を見出すという氏の理解は、いうまでもなく、既成の価値観の崩壊が進み、市場経済の土台たる社会の安定が崩れつつある中で、まさしく、将来へ向けて活動的な生を組織することに意を注いだという氏のケインズ像からでてくるものであった。

同様のことは、ケインズの政治に対する態度にも示されている。多くの場合、ただ「ハーヴェイ・ロードの前提」といわれる官僚のエリート主義に絶大な期待をかけていたとして片付けられてしまうケインズの政治論について、氏は、そこにこそケインズは活動的生の具体化を見ていた、とする。国家による計画の発想も、活動的生の組織化であった。そして、何よりケインズにとっての政治的活動とは、大衆へ向けた「説得」なのである。だが、本当に彼は大衆を説得できると考えていたのだろうか。この点について氏は次のように書いている。「ケインズは、精神の貴族として、しかも活動的な知識人として、大衆的なるものにたいして微妙に緊張をはらんだ関係におかれていたのである。大衆との同盟と敵対、彼の心理に走る最も大きな亀裂はこれである。」（本文153頁）

伝記や人物論、あるいは特定の人物の思想論を書く場合、多くの者は、えてしてその人物にのめりこみがちになる。つまり、感情移入が過多に傾きがちなものである。だが、氏のケインズ論は、決してそのような種類のものではない。

ここで描きだされたケインズ像は、革新的というより保守的であり、また、生の方法として絶えず活動的であろうとし、精神的貴族でありつつも大衆との接点を求め、イギリスの保守的な人文主義の伝統のうちにいながらも、政治的・時事的なパンフレットを書き飛ばすことに熱中した人物ということになる。これは、西部氏でなければ引き出せないケインズ像であり、どこか氏自身の志向と重なり合うものとも推測されよう。

しかし、それを描き出す筆致は決してケインズの主観的没入を示すものではない。むしろ、氏の筆致は、十分にケインズからも距離をとり、それゆえ大衆社会化についてのケインズのあいまいな態度や、その国家論の貧弱、経済文明についての理解の浅薄などをもまた的確に指摘していることを見逃してはなるまい。

むろん、ここにはすでに氏の関心の一角を占めていたオルテガの影響を見て取ることは十分に可能であろう。あるいは、チュスタートン流のいささかの皮肉とユーモアをこめた保守的文明観が影響しているかもしれない。いずれにせよ、この前後から、氏の関心は急速に大衆社会批判へと向かい、また、同時にその裏返しとして、保守主義の擁護へと向かってゆく。すでに本書とほぼ並行して八三年には『大衆への反逆』

がかかれ、八四年に『生真面目な戯れ』が出版され、社会評論家としての地歩は確実なものとなってゆく。

これら、大衆社会批判にせよ、保守主義擁護にせよ、八〇年代後半のポスト・モダン・ムーブメントとは全く対極の方向を目指すものであった。しかし、八〇年代の半ばに華々しく知的活動を開始した人たちの中で、今日残っているのは、ほとんど西部氏ぐらいのものであろう。九〇年に入る頃には、すなわちバブル経済が崩壊するころには、ポスト・モダニズムは姿を消してしまった。そして、それに代わって出現した九〇年代の新自由主義も、二〇〇〇年に入る頃には影響力を失ってしまった。そして大衆化はますます進行しているのである。こうした状況を振り返っただけでも、氏の慧眼には恐るべきものがあると思わざるをえない。

ついでながら、私自身は、西部氏の『経済倫理学序説』や『ケインズ』の強い影響を受けつつ、また他方で、ポスト・モダニズムへの私なりの応答をしるすべく、最初の書物である『隠された思考』を何とか書き上げる。西部氏が「新進の経済学者」ではなく「新進の評論家」として大衆 社会批判を行っている一九八五年のことであった。

図版出典一覧

p.15　Milo Keynes (ed.), *Essays on John Maynard Keynes*, Cambridge University Press, 1975 より。
p.17　同上より。
p.23　同上より。
p.29　同上より。
p.33　同上より。
p.39　Quentin Bell, *Bloomsbury*, Weidenfeld and Nicolson,1968 より .
※同図の説明には「ヴァネッサ・ベルによる 1912 年頃のリトン・ストレイチー。 一般の人たちは、主にテイト・ギャラリーにあるヘンリー・ラムの描いた肖像画からリトン・ストレイチー像をつくり上げているが、あの絵のぐったりと細長く伸び、ふさぎこんでいる姿は、この肖像によってあたえられる逞しく、平穏なイメージとは、ひじょうに異なっている。両方ともある程度の真実を含んでおり、この絵は、ふつうに受け入れられているストレイチー像をただす貴重な材料として、ここに載せる。」とある。
p.43　Milo Keynes, 前出より。
p.53　同上より。
p.55　同上より。
p.149　同上より。
p.207　同上より。
p.217　Rowland Parker, *The Common Stream*, William Collins Sons & Co. 1975 より。

〈著者略歴〉

西部　邁（にしべ・すすむ）

1939 年、北海道出身。

1964 年、東京大学経済学部卒業。

横浜国立大学経済学部助教授、東京大学教養学部教授をへて、秀明大学学頭などを歴任。1983 年『経済倫理学序説』で吉野作造賞、1984 年『生まじめな戯れ』でサントリー学術賞。1994 年には評論活動に対して第八回正論大賞を受賞。同年より月刊オピニオン誌『発言者』（秀明出版会）の主幹を務めるが、2005 年に廃刊し、同年 6 月より後継隔月誌『表現者』の刊行に尽力、顧問に就任した（2017 年 11 月辞任）。『ソシオ・エコノミックス』（弊社刊）、『大衆への反逆』（文藝春秋）、『知性の構造』（ハルキ文庫）、『友情』（新潮社）、『六〇年安保　センチメンタル・ジャーニー』（文藝春秋）、『保守の真髄』（講談社原題選書）『保守の真髄』（平凡社新書）、など著書多数。2018 年 1 月 21 日、多摩川にて入水死。

ケインズ

2021 年 09 月 10 日　初版第一刷発行

著　者　西部邁

カバー　東海林ユキエ・砂絵工房

発行・発売　（株）明月堂書店

〒 162-0054 東京都新宿区河田町 3-15 河田町ビル 3 F

電話 03-5368-2327

FAX03-5919-2442

発 行 人　極内寛人

印刷製本　中央精版印刷株式会社

ISBN978-4-903145-73-0　C0033　Printed in Japan